AF305369

Aux musiciens

Genèse de la Gamme

Solution du différend entre les physiciens et les musiciens

par

E. Dovin

Propriété de l'auteur
Tous droits réservés

Avant propos

Tous les ouvrages traitant de la genèse de la gamme, et des principes primordiaux de l'art musical, renferment une grande science de la musique des anciens; tous les auteurs, parmi lesquels se trouvent des maîtres tels que Gevaert, se sont livrés à des recherches qui ont abouti à un ensemble de connaissances du plus haut intérêt, et le mérite de ces auteurs est d'autant plus grand que la très-minime quantité de documents musicaux écrits rendait leurs recherches, et surtout leurs conclusions, fort difficiles.

Tout ce que nous pouvons connaître de la musique des anciens paraît solidement établi: les systèmes de tétracordes, les modes, etc.... n'ont plus de secrets pour nous. Mais, quand nous considérons les modes anciens, et les qualités expressives que nos pères y attachaient, nous ne pouvons nous défendre de taxer les anciens d'une certaine puérilité; est-ce à dire qu'il ne puisse exister de chef-d'œuvre conçu en mode ancien? Non pas! et des exemples fameux nous prouvent le contraire, citons: « Dies iræ » de la messe des morts; proses de l'antiphonaire parmi lesquelles « O filii et filiæ » de la messe de Pâques; chants populaires bretons recueillis et harmonisés admirablement par Bourgault-Ducoudray, etc... Le véritable génie musical n'est entravé ni par les modes, ni par les systèmes, ni par aucune borne. Mais quand nous considérons les quelques hymnes grecs que nos patients chercheurs ont retrouvés, et que nous voulons goûter les caractères que les philosophes grecs y ont attribués, nous ne pouvons comprendre les émotions que les anciens disaient ressentir qu'en vertu d'une certaine contention d'esprit et d'un manque complet de points de comparaison. Au point de vue de l'expression musicale ces hymnes grecs nous paraissent insipides: l'absence à peu près complète d'harmonie, l'imprécision de la pensée musicale et le manque de forme nous semblent dénués d'intérêt; cela est si vrai que les œuvres citées ci-dessus, et que nous considérons comme des chef-d'œuvres, sont précisément celles qui renferment une forme très-nette, ce qui est une des caractéristiques de la musique moderne; du moins, les choses nous apparaissent ainsi à cause de notre mentalité et des comparaisons que nous pouvons faire.

Nous disons que la musique antique ne comprenait que peu ou point d'harmonie — pour expliquer cette assertion nous nous plaçons au point de vue de la signification moderne du mot « harmonie ». De nos jours on appelle de ce nom des agrégations de sons différents se succédant sans interruption. Les anciens employaient ce mot pour désigner un mode : une harmonie dorienne, par exemple, était un chant composé dans le mode dorien; c'est ce que nous nommons aujourd'hui « mélodie ». Gevaert traite de cette question dans son ouvrage « Histoire et théorie de la musique de l'antiquité » tome I, livre II, chapitre II, pages 161, 162 etc.... et pour démontrer que les anciens pratiquaient une certaine harmonie, il cite des fragments de mélodies dans lesquelles des sons, constituant des accords, se succèdent d'une manière analogue à ce que nous nommons aujourd'hui « harmonie arpégée ». Ce n'est pas tout-à-fait de cela qu'il s'agit : nous disons qu'une harmonie arpégée et une agrégation des mêmes sons simultanés produisent des effets analogues — nous disons analogue, mais non semblable — et dans tous les cas, si dans une mélodie antique, il y a des passages qui font entendre successivement les différentes notes d'un accord, cette forme s'arrête immédiatement, et il n'y a là rien de semblable à ce que nous nommons aujourd'hui une harmonie, c'est-à-dire que la mélodie peut incorporer toutes les successions de sons possibles sans cesser pour cela d'être une mélodie.

Exemples : 

Dans l'exemple 1 nous faisons entendre successivement les notes constitutives de l'accord parfait majeur de fa. Dira-t-on que ce fragment de mélodie fait un effet analogue au même accord en notes tenues ? oui, si l'on veut, exemple 2. Dans l'exemple 3 nous faisons entendre quatre accords différents, un pour chaque note, et la mélodie est restée la même ; l'exemple 1 n'est qu'une mélodie.

Du reste, au sujet de l'harmonie, les auteurs ne se compromettent guère, et cela se comprend car les documents que nous possédons ne leur permettent pas de donner des solutions certaines.

Nous croyons que les anciens ont très-peu pratiqué les agrégations de sons différents et simultanés, et notre opinion est basée sur les considérations suivantes: Les deux modes modernes, le majeur et le mineur, résultent de l'emploi d'harmonies ininterrompues, qui peuvent même être sous-entendues par suite de notre éducation musicale; ces suites d'accords développent certaines affinités entre les différents degrés de la gamme, communiquent à certains degrés des tendances résolutives, déterminent les places invariables que doivent occuper les demi-tons, etc... en un mot établissent ce que nous nommons « le sens tonal ».

Tout autre est l'essence des modes anciens: ici, une même suite de sons, portée à deux octaves, renferme plusieurs modes, la sensible n'existe pas, la dominante n'a pas la même signification, la note sur laquelle doit se terminer la mélodie n'a pas le sens impérieux de notre tonique, etc.....; pour toutes ces raisons, et nous n'énumérons que les principales, nous estimons que si les anciens avaient pratiqué l'harmonie comme nous le faisons, ils eussent été forcément amenés à nos modes modernes. Presque tout le chant liturgique est en modes anciens, nos organistes s'évertuent à l'harmoniser. Sans doute beaucoup de fragments mélodiques s'y prêtent mais, dans une immense quantité de cas, l'absence de sensible ne permettant pas de sensation tonale précise, l'harmonie est dure, sinon incohérente, et beaucoup d'artistes estiment que le chant liturgique ne doit recevoir aucune harmonie.

Nous nous proposons de traiter de la genèse de la gamme au point de vue de l'art musical moderne; entre celui-ci et l'art ancien il y a des différences telles que, pour rendre compte de la gamme moderne, toute spéculation sur les modes et les théories des anciens serait nulle.

En outre nous ne nous proposons rien moins que de donner la solution du différend entre les physiciens et les musiciens au sujet de la nature de la gamme.

Genèse de la gamme

Chapitre I

Tous les physiciens qui ont traité de la genèse de la gamme ont admis à priori que celle-ci se compose de sept notes. Nous constatons que ces éminents hommes de science n'ont voulu considérer la question qu'au point de vue de la mesure d'un phénomène, en prenant l'ordre des notes de la gamme comme une loi indiscutable, dont la cause ne serait susceptible d'aucune explication. Ils n'ont, du reste, abouti qu'à un système sans base mathématique réelle, et que les musiciens repoussent, ce que nous nous proposons de démontrer.

Pourquoi la gamme se compose-t-elle de sept notes, et non de six ou de huit, par exemple ?

Pourquoi la gamme majeure est-elle construite avec deux demi-tons, toutes les autres notes étant à intervalle de un ton ?

Pourquoi ces deux demi-tons ne peuvent-ils se placer que du troisième au quatrième degré et du septième au huitième, ou répétition du premier ?

En matière de genèse de la gamme, toute question
de ce genre semble parfaitement légitime.

*   *   *

Newton, dans son Optique (traduction nouvelle par
M.×××, 1787, tome 1ᵉʳ, pages 123 et suivantes)

Troisième proposition, problème I.

Déterminer la réfrangibilité des différents rayons
homogènes, correspondante aux différentes couleurs.

Après avoir décrit et expliqué une partie de l'expérience, Newton dit : « Cette opération ayant été

« répétée sur le même papier et sur plusieurs autres,

« les observations parurent s'accorder assez bien ;

« et les côtés rectilignes M G, A F se trouvèrent divisés

« par ces lignes transversales dans la proportion des

« longueurs du monochorde qui donne les sept tons

« du mode mineur. Pour le prouver : G M étant mené

« en X, de sorte que X soit égal à G M, imaginez que

« G X, λ X, ι X, η X, ε X, δ X, σ X, M x, sont proportionnellement

« entre eux comme les nombres 1, $\frac{8}{9}$, $\frac{5}{6}$, $\frac{3}{4}$, $\frac{2}{3}$,

« $\frac{3}{5}$, $\frac{9}{16}$, $\frac{1}{2}$, qui représentent une seconde majeure,

« une tierce mineure, une quarte, une quinte, une

« sixte majeure, une septième et une octave.

« Cela posé, les intervalles M λ, λ σ, σ ε, ε η, η ι,

« λ, η et G, seront les espaces occupés par les
« différentes couleurs, le rouge, l'orangé, le jaune,
« le vert, le bleu, l'indigo, et le violet.
« Comme ces espaces soutendent les différences de
« réfractions des rayons qui vont jusqu'aux limites
« de ces couleurs, c'est-à-dire jusqu'aux points M,
« δ, σ, ε, η, ι, λ, G ; ils peuvent être regardés,
« _sans erreur sensible_ (c'est nous qui soulignons)
« comme proportionnels aux différences des sinus de
« réfraction de ces rayons qui ont un sinus d'incidence
« commun. Et puisque le commun sinus d'incidence
« des plus réfrangibles et des moins réfrangibles, à
« leur passage du verre dans l'air, est exactement
« à leur sinus de réfraction, comme 50 à 77 et 78 ;
« en divisant la différence des sinus de réfraction
« 77 et 78 de la même manière que la ligne G M
« est divisée par ces intervalles, on aura 77, $77\frac{1}{8}$,
« $77\frac{1}{5}$, $77\frac{1}{3}$, $77\frac{1}{2}$, $77\frac{2}{3}$, $77\frac{7}{9}$, 78, pour sinus de
« réfraction de ces rayons. Ainsi, les sinus de réfrac-
« tion des rayons rouges s'étendent depuis 77 jusqu'à
« $77\frac{1}{8}$; ceux des rayons orangés depuis $77\frac{1}{8}$ jusqu'à
« $77\frac{1}{5}$; ceux des rayons jaunes depuis $77\frac{1}{5}$ jusqu'à $77\frac{1}{3}$;
« ceux des rayons verts depuis $77\frac{1}{3}$ jusqu'à $77\frac{1}{2}$;

; ceux des rayons bleus depuis $77\frac{1}{2}$ jusqu'à $77\frac{2}{3}$;

; ceux des rayons indigos depuis $77\frac{2}{3}$ jusqu'à $77\frac{7}{9}$;

; ceux des rayons violets depuis $77\frac{7}{9}$ jusqu'à 78, etc...

Newton compare donc le spectre solaire à la gamme musicale ; en partant du rouge, il trouve la gamme mineure, dit-il, examinons.

Tout d'abord convenons, si vous le voulez bien, de présenter la question sous forme des nombres de vibrations des degrés de la gamme, en prenant pour base le la³ 435 vibrations doubles par seconde ; présentée ainsi, la question nous paraîtra plus concrète, plus claire. Prenons donc la gamme majeure de do (Il peut paraître étrange que nous prenions la gamme majeure pour comparer avec la gamme que Newton appelle mineure, ce qui suit va l'expliquer).

Système Pythagoricien

La gamme est générée par une suite de quintes justes, de raison arithmétique $\frac{3}{2}$, ce qui donne pour raison arithmétique du ton, raison unique, $\frac{9}{8}$ en montant, $\frac{8}{9}$ en descendant ; pour le demi-ton diatonique (limma) $\frac{256}{243}$ en montant, $\frac{243}{256}$ en descendant.

· Suite des quintes: $fa^1\ 85\frac{25}{27} \times \frac{3}{2} = do^2\ 128\frac{8}{3}$ $\times \frac{3}{2} = sol^2\ 193\frac{1}{3} \times \frac{3}{2} = re^3\ 290 \times \frac{3}{2} = la^3\ 435 \times \frac{3}{2} = mi^4\ 652\frac{1}{2} \times \frac{3}{2} = si^4\ 978\frac{3}{4}$. En ramenant tous ces nombres à l'octave 3, de manière à les grouper en gamme majeure, on obtient:

$$
\begin{array}{cccccccc}
do^3 & ; & re & ; & mi & ; & fa & ; & sol & ; & la & ; & si & ; & do^4 \\
257\frac{7}{9} & ; & 290 & ; & 326\frac{1}{4} & ; & 343\frac{19}{27} & ; & 386\frac{2}{3} & ; & 435 & ; & 489\frac{3}{8} & ; & 515\frac{5}{9}
\end{array}
$$

Système des physiciens modernes.

La gamme est générée par les phénomènes de vibrations d'une source sonore unique, phénomènes exprimés par la suite des nombres entiers: deux sortes de tons dont les raisons arithmétiques sont $\frac{9}{8}$ ou $\frac{10}{9}$; par conséquent, deux sortes de demi-tons chromatiques; trois sortes de comma; deux sortes de quintes, dont l'une fausse, du re au la, c'est-à-dire du deuxième degré au sixième

$$
\begin{array}{ccccc}
do^3, & re, & mi, & fa, & sol, \\
261 \times \frac{9}{8} = & 293\frac{5}{8} \times \frac{10}{9} = & 325\frac{1}{4} \times \frac{16}{15} = & 348 \times \frac{9}{8} = & 391\frac{1}{2} \\
la., & si, & do^4 & & \\
\times \frac{10}{9} = 435 \times \frac{9}{8} = & 489\frac{3}{8} \times \frac{16}{15} = & 522. & &
\end{array}
$$

En essayant de rapprocher de la gamme mineure

moderne les mesures de réfractions données par Newton, on ne tarde pas à se convaincre que ce rapprochement est impossible. En cherchant un peu, on découvre sans peine que ces mesures s'adaptent exactement, ou à très peu près, à une gamme composée exclusivement des notes appartenant à la gamme majeure, mais qui, au lieu de commencer par la tonique, commence par la sus-tonique, l'ordre des tons et des demi-tons restant toujours le même. Il s'agit donc de l'ancien mode phrygien.

Il ne serait pas juste d'incriminer Newton de dénomination inexacte; à l'époque où il vivait l'art musical moderne était en formation, les connaissances en modes anciens n'étaient pas répandues. De nos jours même on ne trouve la définition exacte du mode mineur que dans les traités d'harmonie.

Rapprochons donc ce mode phrygien de la mesure des sons de Newton, en conservant toujours pour base le la^3 435 vibrations; divisons re^3 290 vibrations, du système Pythagoricien, par chaque terme de la proportion donnée plus haut (page 8) ces termes sont : 1, $\frac{8}{9}$, $\frac{5}{6}$, $\frac{3}{4}$, $\frac{2}{3}$, $\frac{3}{5}$, $\frac{9}{16}$, $\frac{1}{2}$; il vient :

290 ; $326\frac{1}{4}$; 348 ; $386\frac{2}{3}$; 435 ; $483\frac{1}{3}$; $515\frac{5}{9}$; 580.

Or ; re, mi, sol, la, do, soit cinq notes sur sept, concordent rigoureusement avec le systême Pythagoricien.

Pour le systême des physiciens, divisons re $= 293\frac{5}{8}$ vibrations par la même proportion, il vient :

$293\frac{5}{8}$; $330\frac{21}{64}$; $352\frac{7}{20}$; $391\frac{1}{2}$; $440\frac{7}{16}$; $489\frac{3}{8}$; 522 ; $587\frac{3}{4}$.

Or : re, sol, si, do, soit quatre notes sur sept, concordent rigoureusement avec le systême des physiciens.

Une curieuse remarque est la suivante :

La gamme primitive des chinois ne se compose que de cinq notes : do, re, mi, sol, la ; ce sont précisément les cinq notes que nous venons de trouver en concordance entre la réfrangibilité des différents rayons homogènes et le systême de Pythagore.

Il résulte de ce qui précède que pour obtenir la gamme majeure en concordance avec les données de l'optique, il suffit d'établir la série suivante:

La 7me du violet comprend l'intervalle de la tonique à la sus-tonique; du rouge, de la sus-tonique à la médiante; de l'orangé, de la médiante à la sous-dominante; du jaune, de la sous-dominante à la dominante; du vert, de la dominante à la sus-dominante; du bleu, de la sus-dominante à la sensible; de l'indigo, de la sensible à la tonique.

Système Pythagoricien

violet   rouge   orangé   jaune   vert

$$257\tfrac{7}{9} \times \tfrac{9}{8} = 290 \times \tfrac{9}{8} = 326\tfrac{1}{4} \times \tfrac{256}{243} = 343\tfrac{19}{27} \times \tfrac{9}{8} = 386\tfrac{2}{3} \times \tfrac{9}{8} =$$

Différences: 348

bleu   indigo

$$435 \times \tfrac{9}{8} = 489\tfrac{9}{8} \times \tfrac{256}{243} = 515\tfrac{5}{9}.$$

dif... $483\tfrac{1}{3}$

Système des physiciens

violet   rouge   orangé   jaune   vert

$$261\tfrac{9}{8} \times \tfrac{9}{8} = 293\tfrac{5}{8} \times \tfrac{10}{9} = 326\tfrac{1}{4} \times \tfrac{16}{15} = 348 \times \tfrac{9}{8} = 391\tfrac{1}{2} \times$$

Différences: $330\tfrac{21}{64}$ $352\tfrac{7}{20}$

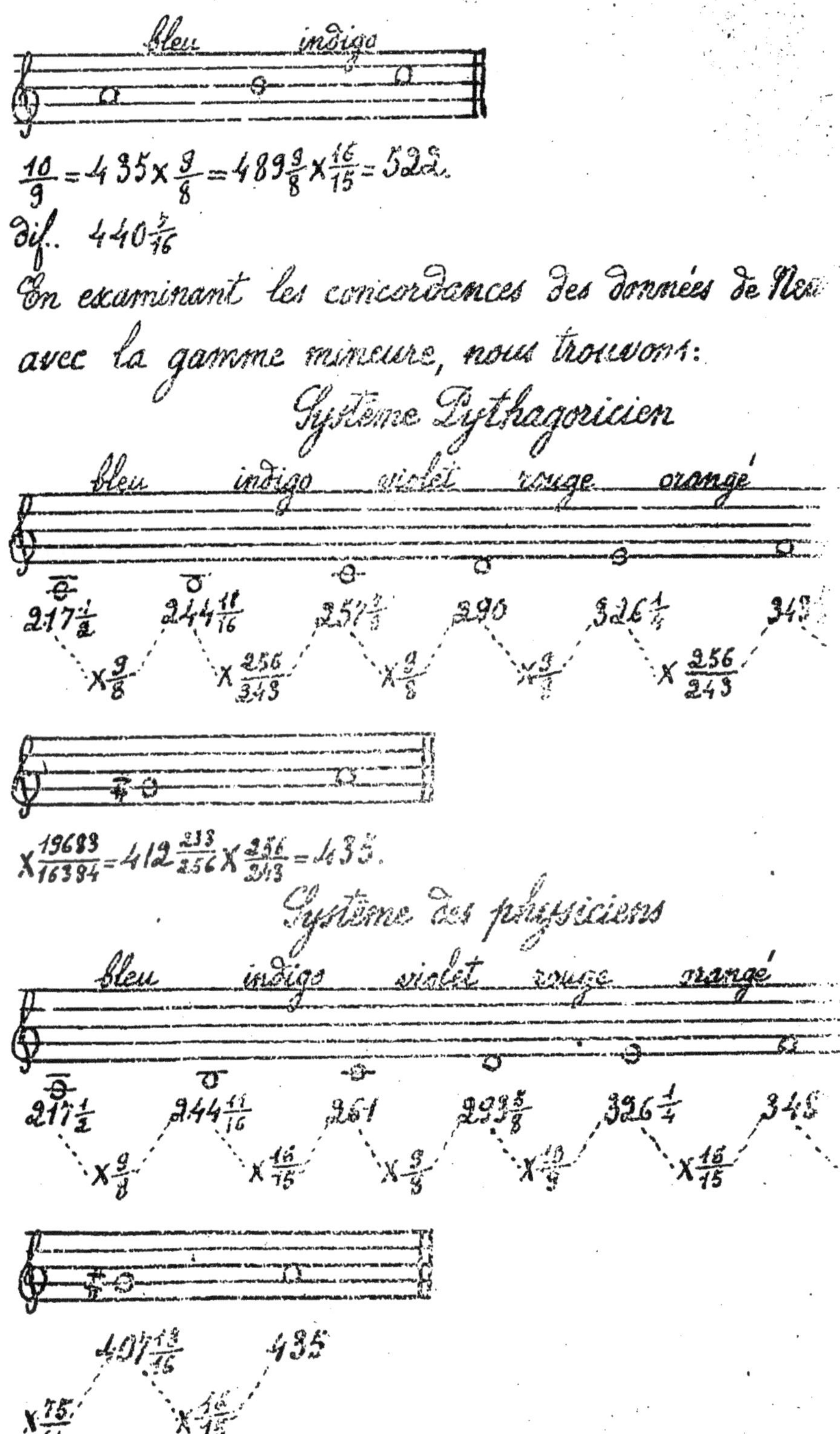

$$\frac{10}{9} = 435 \times \frac{9}{8} = 489\frac{9}{8} \times \frac{16}{15} = 522$$

dif. $440\frac{7}{16}$

En examinant les concordances des données de Neu
avec la gamme mineure, nous trouvons :

Système Pythagoricien

$$\times \frac{19683}{16384} = 412\frac{213}{256} \times \frac{256}{243} = 435$$

Système des physiciens

Nous rappelons que la véritable gamme mineure moderne est celle donnée ici.

Les sept couleurs du spectre solaire et les sept notes de la gamme majeure correspondent donc, non seulement comme dimensions respectives dans le spectre d'une part et dans la gamme d'autre part, mais aussi dans l'ordre des dimensions comme grandeurs.

Nous avons constaté de légères différences pour la sous-dominante et la sensible (le fa et le si); Newton nous prévient que « ces espaces soutendent « les différences de réfraction des rayons qui vont « jusqu'aux limites de ces couleurs .... ——— ils « peuvent être regardés, sans erreur sensible, comme « proportionnels etc.....

Ces petites différences ne détruisent pas la symétrie entre l'optique et la musique; du reste, quel que soit le soin avec lequel un homme de génie comme Newton ait fait les expériences dont il est ici question, et étant donné que, dans le spectre solaire, les couleurs passent insen- siblement de l'une à l'autre, est-il raisonnable de demander à l'organe de la vue de délimiter exactement les couleurs ? Nous ne le pensons pas: deux peintres, s'engageant d'honneur à peindre le même paysage comme ils le voient, ne feraient pas deux tableaux de la même couleur. Puisque l'optique et la musique ont des points communs, il paraîtrait plus raisonnable de se servir de l'ouïe pour contrôler la vue, ou de la vue pour contrôler l'ouïe, quand c'est possible; Newton lui-même prévient ses lecteurs par les paroles « sans erreur sensible » que nous avons soulignées plus haut.

Au sujet du système Pythagoricien, les deux différences portent sur la délimitation entre l'orangé et le jaune, et entre le bleu et l'indigo. Au sujet du système des physiciens, les différences portent sur les délimitations suivantes: entre l'indigo et le violet, entre le bleu et l'indigo, entre le jaune et le vert, entre le violet et le rouge. Pour ce qui concerne le mode mineur, les concordances avec la série des couleurs ne peuvent s'établir qu'en commençant par la zône du bleu: les six premières notes concordent avec la gamme majeure, mais la septième, distante de la sixième de un ton et demi, ne concorde pas avec le commencement de la zône d'une couleur; le sentiment tonal nécessite une sensible distante de la tonique de un demi-ton diatonique; cette sensible occupe donc à peu près le milieu de la zône du vert.

En comparant un mode majeur avec son relatif mineur, le majeur étant censé commencer par le violet, et le mineur, par le bleu, on peut faire, au sujet de l'harmonie et du caractère particulier de chaque mode, quelques remarques fructueuses: Tout le monde est d'accord pour dire que, comparé au mode majeur, le mode mineur est d'une expression plus sombre. Or, le majeur, qui commence par une couleur sombre, voit s'é-panouir la série des couleurs de plus en plus claires, le jaune au milieu, pour retourner vers les couleurs sombres: la sous-dominante et la dominante, fa et sol, qui après la tonique, sont les notes ayant la plus grande valeur tonale, occupent les points les plus éclatants de la série des couleurs.

Le mode mineur a sa base exclusivement dans les couleurs sombres; sans doute, puisqu'il parcourt l'octave, comme le majeur, il comporte la série entière des couleurs, mais, en arrivant au jaune, les notes constitutives du mode rompant la série, le jaune est enjambé.

Si l'on compare les accords parfaits des toniques, l'accord parfait majeur: do, mi, sol, violet naissant, orangé naissant, vert naissant, par conséquent renfermant le rouge et le jaune, est d'une belle sonorité éclatante. L'accord parfait mineur: la, do, mi, bleu naissant, violet naissant, orangé naissant, se trouve donc dans la série des couleurs plus sombres, et a bien un caractère correspondant; ces deux accords, chacun dans leur mode, attirent à eux toute la puissance tonale, et par conséquent, caractérisent le mode.

Il résulte pourtant de ce qui précède que le mode majeur est plus parfait que le mode mineur, parceque plus conforme aux lois de la nature. Ainsi l'accord de neuvième majeure de dominante, sol, si, re, fa, la, ne peut se faire qu'en majeur, cet accord est d'une plénitude sonore admirable, en le décomposant par couleurs on obtient: vert, indigo, rouge, jaune et bleu, le violet et l'orangé exclus.

L'accord de neuvième mineure de dominante, mi, sol#, si, re, fa, appartient théoriquement au mode mineur, cet accord est d'une sonorité déchirante; en le décomposant par couleurs on obtient: orangé, centre du vert, indigo, rouge; jaune, le violet et le bleu exclus. Cette sonorité déchirante provient-elle du dérangement dans l'ordre des couleurs? on serait tenté de le croire. Dans tous les cas, l'accord de neuvième majeure a sa résolution naturelle en majeur exclusivement, la résolution en mineur est incohérente, comme si l'on ne pouvait pas briser une loi; l'accord de neuvième mineure peut évidemment se résoudre en mineur, mais il peut aussi se résoudre en majeur, comme si l'on pouvait toujours rétablir l'ordre des choses.

Il nous reste à présenter un autre ordre de concordances: Dans le spectre solaire les couleurs ont leur maximum d'intensité au centre de leurs régions respectives; de part et d'autre ces couleurs vont en se dégradant, ou plutôt en se combinant, insensiblement. Pareil fait se produit en musique, mais non dans l'art appliqué: si nous envisageons la genèse de la gamme en raison du système de Pythagore, par quintes successives, nous obtenons: fa, do, sol, re, la, mi, si, fa$\sharp$, do$\sharp$, sol$\sharp$, re$\sharp$, la$\sharp$, mi$\sharp$, si$\sharp$, soit 14 termes, en comptant les extrêmes, ou 13 quintes; le si$\sharp$ est plus haut que le do, de la valeur d'un comma; la raison arithmétique du comma Pythagoricien est 531441/524288; si nous divisons 9/8, raison arithmétique du ton, par 531441/524288 nous obtenons 4.718.592/4.251.528, dont le quotient en décimales est 1, 1122100010011142 etc... par conséquent en prolongeant indéfiniment cette suite de quintes on ne pourra plus jamais retrouver l'octave du point de départ, autrement dit $(3/2)^n$ ne peut jamais être réduit à un nombre entier. La suite des sons est donc indéfinie comme les combinaisons des couleurs.

On pourrait peut-être objecter qu'en adaptant la série des couleurs du spectre à la gamme musicale, nous avons commencé par la dernière couleur, le violet, et que, pour continuer, nous avons dû reprendre à la première, le rouge, rompant ainsi la série des couleurs; cette objection n'a aucune valeur pour la raison suivante: dans l'art musical, du grave à l'aigu ou inversement, il y a une suite ininterrompue de gammes, et si nous présentons la gamme d'ut sous les deux formes suivantes:

Nous constatons que l'exemple 1 n'a pas de point d'appui final, pas de conclusion, le sens musical reste en suspend. Il n'en est pas de même de l'exemple 2, ici nous suivons le spectre jusqu'au bout en commençant par le rouge, le violet en est l'aboutissement, de même que dans la gamme le do est le point d'appui, la note qui attire à elle toute la force tonale; du reste, rien ne peut détruire la concordance des couleurs du spectre et des notes de la gamme, cette concordance en un point quelconque suffit.

Dans l'opuscule: Annuaire pour l'an 1898 publié par le bureau des longitudes. Notice sur l'œuvre scientifique de H. Fizeau, par M. A. Cornu, p. C.31:

« L'idée de comparer les ondes lumineuses aux ondes
« sonores, au point de vue des impressions qu'elles pro-
« duisent sur un observateur en mouvement relatif,
« appartient à Christian Doppler (1842); l'analogie

« est complète, puisque ces deux espèces d'ondes propa-
« gent des mouvements vibratoires dont la période
« caractérise l'impression physiologique. Dans l'onde
« sonore, la période définit la hauteur du son, dans
« l'onde lumineuse, la couleur. Or, une source qui
« s'éloigne d'un observateur lui envoie, dans l'unité
« de temps, moins de pulsations que lorsqu'elle est
« au repos; la période vibratoire augmente ainsi
« de durée, le son perçu semble plus grave; si
« elle se rapproche, le son paraît plus aigu. De
« même une source lumineuse qui s'éloigne envoie
« des ondes dont la coloration tend à varier dans
« le sens du violet au rouge, suivant l'ordre des
« couleurs du spectre; si elle se rapproche, dans le
« sens du rouge au violet. »

Le sens de l'ouïe ne perçoit que les vibrations
de l'ordre le plus inférieur, vibrations qui parcou-
rent environ 335 mètres à la seconde. Dans ce
que nous nommons les sons musicaux, notre sens
commence à percevoir la hauteur du son vers 50
vibrations par seconde; vers 5000 vibrations, dans
l'octave 7, nous ne percevons la hauteur exacte
du son que si ce son est accompagné de son

octave inférieure; si l'on monte toujours dans les nombres de vibrations, il arrive un point où l'ouïe ne perçoit plus rien.

La vibration lumineuse parcourt 300000 kilomètres par seconde, son ordre de fréquence est incomparablement plus grand que celui du son, il impressionne alors notre autre sens, la vue; nous sommes donc ici en présence de deux ordres de vibrations, fort éloignés l'un de l'autre.

Mais, entre les vibrations du son et celles des couleurs, n'existe-il aucun ordre de vibrations? quand on arrive au point où l'oreille ne perçoit plus rien, la vibration existe pourtant; et la chaleur? L'infra-rouge et l'ultra-violet ne sont pas visibles.........

Il existe donc, de toute évidence, une échelle continue de vibrations, et l'argument qui consiste à dire que tous ces ordres de vibrations intéressent des états différents de la matière ne détruit pas le postulat.

Il n'y a donc rien d'étonnant à ce que nos deux sens ne soient impressionnés qu'à deux points quelconques de l'échelle vibratoire, et par suite, rien d'étonnant à ce que les concordances entre le son et la couleur commencent par le violet; nous répétons que la concordance prise en un point quelconque suffit.

Au commencement de ce chapitre nous nous sommes posé les questions:

Pourquoi la gamme majeure est-elle constituée avec deux demi-tons, toutes les autres notes étant à intervalle de un ton?

Pourquoi ces deux demi-tons ne peuvent-ils se placer que du troisième au quatrième degré et du septième au huitième, ou répétition du premier?

Et enfin, pourquoi la gamme se compose-t-elle de sept notes, et non de six ou de huit, par exemple?

La réponse ne peut être que celle-ci:

Il existe dans la Nature une loi unique qui régit la vibration; la gamme musicale se compose de sept notes, en conformité de l'ordre vibratoire de la lumière, conformité qui décèle la dite loi.

Nous savons que ces conclusions ne sont pas de mode, ceux qui ne voudraient pas les admettre pourraient-ils nous dire pourquoi les faits lumineux et les faits musicaux concordent si bien?

Chapitre II

Exposé des deux systèmes de genèse de la gamme

Quelques personnes s'imaginent, et des auteurs ont écrit, que la gamme majeure est générée par trois accords parfaits majeurs; en ut majeur: do, mi, sol; fa, la, do; sol, si, re; il est évident que ces trois accords présentent les sept notes de la gamme; il en est de même, du reste, des trois accords parfaits mineurs: re, fa, la; mi, sol, si; la, do, mi; ce que nous n'avons jamais entendu dire ni vu écrit nulle part.

Dans le même ordre d'idées on pourrait dire que le mode mineur est généré par deux accords parfaits majeurs: mi, sol♯, si; fa, la, do; et un accord parfait mineur: re, fa, la; ou par deux accords parfaits mineurs: la, do, mi; re, fa, la; et un accord parfait majeur: mi, sol♯, si. Ces manières de présenter la question manquent de précision dans les détails et supposent la gamme déjà établie.

Système de Pythagore

Pythagore et ses disciples enseignaient que la

gamme est générée par une suite de quintes justes; pour représenter les sept notes d'une gamme majeure, en montant, il faut commencer par la note à la quinte inférieure de la tonique, pour obtenir la gamme d'ut, il faut commencer la série des quintes par fa.

La raison arithmétique de la quinte est fournie par les phénomènes de vibrations qui ont lieu dans une source sonore unique, phénomènes qui sont exprimés par la suite des nombres entiers : 1, 2, 3, 4, 5, etc... le rapport de 2 à 1 donne l'octave ; de 3 à 2, la quinte ; de 4 à 3, la quarte

Quintes : fa^1 do^2 sol^2 re^3

Vibrations : $85\frac{25}{27} \times \frac{3}{2} = 128\frac{3}{9} \times \frac{3}{2} = 193\frac{1}{3} \times \frac{3}{2} = 290 \times \frac{3}{2} =$

Quintes : la^3 mi^4 si^4

Vibrations : $435 \times \frac{3}{2} = 652\frac{1}{2} \times \frac{3}{2} = 978\frac{3}{4}.$

En ramenant à l'octave 5 tous ces nombres de manière à les grouper en gamme : le fa^1 porté à la double octave, $85\frac{25}{27} \times 2 \times 2$; le do^2 et le sol^2 portés à l'octave, $128\frac{3}{9} \times 2$ et $193\frac{1}{3} \times 2$; le re^3 et le la^3 restant en place ; le mi^4 et le si^4 portés à l'octave inférieure, $652\frac{1}{2} : 2$ et $978\frac{3}{4} : 2$, on obtient :

$$\left\{ \begin{array}{l} do^3 \quad re^3 \quad mi^3 \quad fa^3 \quad sol^3 \quad la^3 \quad si^3 \\ 257\tfrac{7}{9}; \ 290; \ 326\tfrac{1}{4}; \ 343\tfrac{19}{27}; \ 386\tfrac{2}{3}; \ 435; \ 489\tfrac{3}{8}; \end{array} \right.$$

et le do^4, $515\tfrac{5}{9}$.

La genèse de la gamme par quintes successives de raison arithmétique $3/2$ donne pour raison arithmétique du ton $9/8$, en effet: do^3, sol^3, re^4 s'expriment par $1 \times \tfrac{3}{2} \times \tfrac{3}{2} = \tfrac{9}{4}$; en ramenant le re^4 au re^3, de manière à placer ce re à côté du do, à distance d'un ton, c'est-à-dire en divisant re^4 par 2, on obtient $\tfrac{9}{8}$. Les quintes étant égales, tous les tons sont aussi égaux.

La gamme majeure se compose de 2 tons, $\tfrac{1}{2}$ ton, 3 tons, $\tfrac{1}{2}$ ton: do re mi, mi fa, fa sol la si, si do. Il résulte aussi de ce qui précède que les quartes justes, sol do par exemple, ont pour raison arithmétique $\tfrac{4}{3}$: do sol $= \tfrac{3}{2}$, sol do $\tfrac{4}{3}$, $\tfrac{3}{2} \times \tfrac{4}{3} = \tfrac{12}{6} = 2$.

La raison arithmétique du $\tfrac{1}{2}$ ton diatonique s'obtient de la manière suivante: soit do re mi fa, do re $= 1$ ton; re mi $= 1$ ton; mi fa $= \tfrac{1}{2}$ ton diatonique; do fa est une quarte juste $= 1 \times \tfrac{4}{3}$; do re mi $= 1 \times \tfrac{9}{8} \times \tfrac{9}{8} = (\tfrac{9}{8})^2$; $\tfrac{4}{3}$ est donc un produit dont $(\tfrac{9}{8})^2$ est l'un des facteurs: $\tfrac{4}{3} : (\tfrac{9}{8})^2 = 256/243$, raison arithmétique du $\tfrac{1}{2}$ ton diatonique.

La raison du $\frac{1}{2}$ ton chromatique s'obtient d'une manière analogue: le ton comprend $\frac{1}{2}$ ton diatonique et $\frac{1}{2}$ ton chromatique; $\frac{9}{8}$ est donc un produit dont l'un des facteurs est $\frac{256}{243}$; $\frac{9}{8} : \frac{256}{243} = 2187/2048$, raison arithmétique du $\frac{1}{2}$ ton chromatique.

Le $\frac{1}{2}$ ton chromatique est plus grand que le $\frac{1}{2}$ ton diatonique; en effet, réduisant ces deux fractions $\frac{256}{243}$ et $\frac{2187}{2048}$ au même dénominateur, on trouve pour le $\frac{1}{2}$ ton diatonique $\frac{524288}{497664}$, et pour le $\frac{1}{2}$ ton chromatique $\frac{531441}{497664}$. Le comma étant le rapport entre le $\frac{1}{2}$ ton diatonique et le $\frac{1}{2}$ ton chromatique, la raison arithmétique du comma est donc $531441/524288$.

Il résulte de tout ce qui précède que tous les intervalles de même dénomination et de même composition sont rigoureusement égaux.

Tableau des intervalles

Comma	531441/524288
Seconde mineure	256/243
$\frac{1}{2}$ ton chromatique	2187/2048
Seconde majeure	9/8
Seconde augmentée	19683/16384
Tierce diminuée	65536/59049

Tierce mineure 32/27
Tierce majeure 81/64
Tierce augmentée 177147/131072
Quarte diminuée 8192/6561
Quarte juste 4/3
Quarte augmentée 729/512
Quinte diminuée 1024/729
Quinte juste 3/2
Quinte augmentée 6561/4096
Sixte diminuée 262144/177147
Sixte mineure 128/81
Sixte majeure 27/16
Sixte augmentée 59049/32768
Septième diminuée 32768/19683
Septième mineure 16/9
Septième majeure 243/128
Septième augmentée.... 531441/262144
Octave diminuée 4096/2187
Octave juste 2
Octave augmentée 2187/1024
Neuvième mineure 512/243
Neuvième majeure 9/4
La seconde diminuée, qui ne figure pas dans le

tableau ci-dessus, nécessite une explication particulière; cette seconde est identique au comma mais, eu égard aux noms des notes, elle présente un intervalle renversé: soit do re♭♭; do re forme un ton qui se compose de $\frac{1}{2}$ ton diatonique et $\frac{1}{2}$ ton chromatique; de re à re♭♭ il y a 2 demi-tons chromatiques; il en résulte que, en partant de do, do re♭♭ est un intervalle descendant; en partant de re♭♭, re♭♭ do est un intervalle ascendant.

Pour obtenir les intervalles sous-diminués il faut multiplier les raisons arithmétiques des intervalles diminués par 2048/2187; pour obtenir les intervalles sur-augmentés, il faut multiplier les raisons arithmétiques des intervalles augmentés par 2187/2048.

Le tableau ci-dessus donne les raisons arithmétiques des intervalles ascendants, les raisons des intervalles descendants sont les mêmes fractions renversées.

Pour obtenir les nombres de vibrations des degrés d'une gamme donnée, connaissant le nombre de vibrations de la tonique, ou d'un son servant de base, il suffit de multiplier ce nombre par la raison arithmétique de l'intervalle nécessaire, conformément au tableau des intervalles ci-dessus.

La gamme majeure peut aussi être envisagée sous les formules suivantes, qui donnent seulement les relations d'un degré quelconque avec le degré immédiatement supérieur, ou immédiatement inférieur:

En montant:

Tonique, sus-tonique, médiante, sous-dominante,

$$1 \times \frac{9}{8} \times \frac{9}{8} \times \frac{256}{243} \times$$

dominante, sus-dominante, sensible, tonique.

$$\frac{9}{8} \times \frac{9}{8} \times \frac{9}{8} \times \frac{256}{243} = 2.$$

En descendant:

Tonique, sensible, sus-dominante, dominante, sous-dom.te,

$$1 \times \frac{243}{256} \times \frac{8}{9} \times \frac{8}{9} \times \frac{8}{9} \times$$

médiante, sus-tonique, tonique.

$$\frac{243}{256} \times \frac{8}{9} \times \frac{8}{9} = 1/2.$$

Gamme mineure

La gamme mineure moderne, assujétie au système de Pythagore, est générée par les mêmes principes que la gamme majeure; les intervalles ont les raisons correspondantes indiquées dans le tableau des intervalles ci-dessus. Si l'on veut envisager la genèse par quintes on est obligé de se reporter à la même suite de ces quintes, sauf la 2ᵉ sol♮, qui est transformée en quinte augmentée, et qui devient sol♯ dans la gamme de la mineur.

Le sens tonal moderne nécessitant une sensible à $\frac{1}{2}$ ton diatonique de la tonique, c'est précisèment cette sensible qui établit le mode.

$$\begin{cases} La^2 \; ; \; si^2 \; ; \; do^3 \; ; \; re^3 \; ; \; mi^3 \; ; \; fa^3 \; ; \; sol\sharp^3 \; ; \\ 217\frac{1}{2} \; ; \; 244\frac{11}{16} \; ; \; 257\frac{7}{9} \; ; \; 290 \; ; \; 326\frac{1}{4} \; ; \; 343\frac{19}{27} \; ; \; 412\frac{233}{256} \; ; \end{cases}$$

$$\begin{cases} la^3 . \\ 435 . \end{cases}$$

Comme la gamme majeure, la gamme mineure peut être mise sous les formules suivantes:

En montant:

$$\begin{cases} \text{Tonique, sus-tonique, médiante, sous-dominante,} \\ 1 \quad \times \quad \frac{9}{8} \quad \times \quad \frac{256}{243} \quad \times \quad \frac{9}{8} \quad \times \end{cases}$$

$$\begin{cases} \text{Dominante, sus-dominante, sensible, tonique.} \\ \frac{9}{8} \quad \times \quad \frac{256}{243} \quad \times \quad \frac{19683}{16384} \quad \frac{256}{243} \quad = \quad 2 . \end{cases}$$

En descendant:

$$\begin{cases} \text{Tonique, sensible, sus-dominante, dominante,} \\ 1 \quad \times \quad \frac{243}{256} \quad \times \quad \frac{16384}{19683} \quad \times \quad \frac{243}{256} \quad \times \end{cases}$$

$$\begin{cases} \text{sous-dominante, médiante, sus-tonique, tonique.} \\ \frac{8}{9} \quad \times \quad \frac{8}{9} \quad \frac{243}{256} \quad \times \quad \frac{8}{9} \quad = \quad \frac{1}{2} . \end{cases}$$

Quand on compare la gamme mineure à la

gamme majeure, on voit celle-ci générée par un système homogène, pareil fait n'apparait pas pour la gamme mineure; le sol♯ en la mineur, ou la sensible dans un ton mineur quelconque, rompt l'homogénéité, introduit dans la gamme un intervalle de un ton et demi; on ne peut donner d'explication de ce fait que par le principe suivant:

Le génie de la musique réclame impérieusement, dans les tonalités modernes, une note qui soit à un demi-ton diatonique au dessous de la tonique. Si l'on veut n'admettre dans l'art que ce qui peut être expliqué scientifiquement, il faut briser la musique; si, non, il faut admettre ce que cet art réclame, même si l'on n'en pouvait trouver l'explication scientifique.

*   *   *

Système des physiciens

Les physiciens enseignent qu'une base sonore étant donnée, et considérée comme tonique, toutes les notes de la gamme majeure doivent découler plus ou moins directement de cette base. Or, une corde divisée par une progression arithmétique simple, dont la raison est l'unité, ou un tube ouvert, comme le cor ou la trompette, donnent une suite de sons qui sont entre eux comme les termes de cette progression arithmétique, c'est-à-dire comme la suite des nombres entiers: 1, 2, 3, 4, etc... exemple: soit la note do¹ prise comme base:

1 2 3 4 5 6 7 8 9 10 11 12 etc

   La suite des nombres entiers est *rigoureusement* la loi des phénomènes qui ont lieu dans une base sonore *unique*, et ceci n'est contesté par personne. Nous avons marqué de croix le si♭ et le fa, 7ᵉ et 11ᵉ termes; le si♭ est rejeté parce que beaucoup trop bas pour faire partie d'une gamme majeure renfermant la plupart des autres notes de cette série; le fa est un peu trop haut, mais le cor ordinaire s'en sert parce qu'on ne peut pas faire autrement. Nous reviendrons sur ce sujet.

Se basant sur des principes qui seront discutés plus loin, les physiciens font commencer la gamme par les 8ᵉ, 9ᵉ et 10ᵉ termes de la progression arithmétique, établissant ainsi deux sortes de tons: le premier, qu'ils nomment « ton majeur », et qui a pour raison $\frac{9}{8}$; le second, qu'ils nomment « ton mineur », qui a pour raison $\frac{10}{9}$, (nous présentons les raisons en montant); ensuite ils ont recours aux 2ᵉ, 3ᵉ et 4ᵉ termes pour obtenir le 4ᵉ et le 5ᵉ degrés de la gamme: $\frac{4}{3}$ pour le 4ᵉ, et $\frac{3}{2}$ pour le 5ᵉ; se trouvant en face d'un intervalle de ton majeur, produit des calculs du 4ᵉ et du 5ᵉ degrés — $\frac{3}{2} : \frac{4}{3} = \frac{9}{8}$ — ils continuent la gamme par 1 ton mineur, 6ᵉ degré; et enfin, par suite de la nécessité d'une sensible, ils terminent la gamme par 1 ton majeur. Ils obtiennent ainsi la gamme suivante:

Vibrations: 261; $293\frac{2}{3}$; $326\frac{1}{4}$; 348; $391\frac{1}{2}$; 435; $489\frac{3}{8}$; 522.

Facteurs: $1 \times \frac{9}{8} = \times \frac{10}{9} = \times \frac{16}{15} = \times \frac{9}{8} = \times \frac{10}{9} = \times \frac{9}{8} = \times \frac{16}{15} = 2$

Pour obtenir la gamme descendante, partant du nombre 2, il suffit de se servir des facteurs fractionnaires renversés, on aboutira évidemment au nombre 1, octave grave du point de départ.

Sauf pour les intervalles suivants: $\frac{1}{2}$ ton majeur (diatonique), 2ᵈᵉ augmentée, 3ᵉ majeure, 3ᵉ diminuée,

5ᵉ diminuée, 6ᵉ mineure, 7ᵉ majeure, qui sont d'une seule sorte, tous les autres intervalles de même espèce sont différents.

Nous donnons ci-dessous un tableau des intervalles que nous sommes obligés de présenter avec les noms de leurs notes prises dans la gamme majeure d'ut, pour reporter ces mêmes intervalles dans une autre gamme majeure, il faut transposer.

Tableau des intervalles

Comma : do re♭, fa♯ sol♭, la♯ si♭ 2048/2025
Comma : ré♯ mi♭, sol♯ la♭ 1152/1125
Comma : (ton majeur, ton mineur) 81/80
Demi-ton majeur (diatonique) ... 16/15
Demi-ton mineur (chromatique) du ton majeur 135/128
Demi-ton mineur (chromatique) du ton mineur 25/24
Ton majeur 9/8
Ton mineur 10/9
Seconde augmentée 75/64
Tierce majeure 5/4
Tierces mineures : mi sol, la do, si re 6/5
Tierce mineure : re fa 32/27
Tierce diminuée 256/225

Tierces augmentées: fa la#, sol b si 675/512
Quarte juste 4/3
Quarte: la re 27/20
Quarte diminuée: re sol b 512/405
Quartes diminuées: mi la b, si mi b, la re b,
       sol# do, re# sol 32/25
Quinte juste 3/2
Quinte: re la 40/27
Quinte diminuée 64/45
Quinte augmentée: re la# 675/307
Quintes augmentées: fa do#, sol b re 405/256
Quintes augmentées: do sol#, sol re#, la b mi,
       mi b si, re b la 25/16
Sixtes majeures: do la, re si, sol mi 5/3
Sixte majeure: fa re . . . 27/16
Sixte mineure . . . 8/5
Sixte augmentée: do la# . . . 225/128
Sixte augmentée: fa re# 6075/3458
Sixtes diminuées: si sol b, la# fa . . 1024/675
Septième majeure 15/8
Septièmes mineures: re do, sol fa, si la . . 16/9
Septièmes mineures: mi re, la sol . . 9/5
Octave 2

Octaves augmentées : do do♯, fa fa♯, la la♯ 135/64
Octaves augmentées : re re♯, sol sol♯ 75/36
Neuvième majeure : sol la 20/9

Ce tableau est incomplet, M.M. les physiciens n'ayant pas déterminé certains intervalles tels que : quintes augmentées mi si♯ et la mi♯ ; mi fa, et si do, sont des demi-tons majeurs de $\frac{16}{15}$; doit-on donner à si si♯ et à mi mi♯ la raison du $\frac{1}{2}$ ton mineur du ton majeur, ou celle du $\frac{1}{2}$ ton mineur du ton mineur ? Il en est de même, du reste, de tous les intervalles dans lesquels un $\frac{1}{2}$ ton mineur est substitué à à un $\frac{1}{2}$ ton majeur, comme les septièmes augmentées. Ces intervalles ne sont déterminables que par rapport à de nouvelles tonalités, exemple : le mi♯ est déterminable dans toutes les tonalités qui renferment mi♮ et fa♯ . . . . . etc.

Nous comparons ici le système des physiciens avec celui de Pythagore : dans ce dernier tous les intervalles sont nettement déterminés, et aucune ambiguïté n'est possible. Toutefois cette observation n'est présentée ici qu'au point de vue du principe, pour la pratique de l'art, elle n'a aucune valeur, les musiciens n'envisageant que _la gamme chromatique tonale_, c'est-à-dire celle qui ne renferme que des altérations qu'on peut rapporter aux tons voisins d'une tonalité donnée, ce qui peut se réaliser avec le système des physiciens comme avec celui de Pythagore.

On constate dans le tableau ci-dessus: 3 sortes de comma; 2 sortes de demi-tons mineurs; 2 sortes de tons; 2 sortes de tierces mineures; 2 sortes de quartes justes; 2 sortes de quintes justes; 2 sortes de quartes diminuées; 3 sortes de quintes augmentées; 2 sortes de sixtes majeures; 2 sortes de sixtes augmentées; 2 sortes de septièmes mineures; 2 sortes d'octaves augmentées; sans compter les intervalles non définis, et dire que les physiciens présentent ce système comme le plus simple !... Nous y reviendrons dans le chapitre des discussions.

Démonstrations: Les physiciens posent en principe qu'il y a deux tons: l'un de $\frac{9}{8}$, majeur, l'autre de $\frac{10}{9}$, mineur. Il en résulte que le demi-ton majeur est $\frac{16}{15}$, et qu'il ne peut y en avoir qu'un, car:

$$1 \times \frac{9}{8} \times \frac{10}{9} \times \frac{16}{15} \times \frac{9}{8} \times \frac{10}{9} \times \frac{9}{8} \times \frac{16}{15} = 2;$$

si l'un des deux demi-tons n'était pas de $\frac{16}{15}$, le produit ne serait pas

2, et la gamme n'aboutirait pas à l'octave, ce qui est impossible.

Les demi-tons mineurs sont au nombre de 2, en effet : $\frac{9}{8} : \frac{15}{16} > \frac{10}{9} : \frac{15}{16}$; par conséquent le demi-ton mineur du ton majeur est plus grand que le demi-ton mineur du ton mineur.

Il y a 3 comma : celui qui exprime la différence entre les deux tons n'a pas besoin de démonstration ; les deux autres sont, pour le ton majeur : $1 \times \frac{16}{15}$ (do reb), $\frac{9}{8} \times \frac{15}{16}$ (re do#), $\left(\frac{9}{8} \times \frac{15}{16}\right) - \left(1 \times \frac{16}{15}\right) = \frac{2048 - 2025}{1920}$; par conséquent reb = 2048, et do# = 2025, leur différence est donc $\frac{2048}{2025}$. Pour le ton mineur : $1 \times \frac{16}{15}$ (re mib), $\frac{10}{9} \times \frac{15}{16}$ (mi re#), $\left(\frac{10}{9} \times \frac{15}{16}\right) - \left(1 \times \frac{16}{15}\right) = \frac{1152 - 1125}{1080}$, mib = 1152, et re# = 1125, leur différence est donc $\frac{1152}{1125}$.

Il y a deux sortes de tierce mineure : mi sol, la do, si re, qui se composent de 1 ton majeur et $\frac{1}{2}$ ton majeur ; re fa, qui se compose de 1 ton mineur et $\frac{1}{2}$ ton majeur. La différence entre le $\frac{1}{2}$ ton diatonique Pythagoricien et le $\frac{1}{2}$ ton majeur des physiciens est de un comma (ton majeur, ton mineur $= \frac{1}{80}$) ; il en résulte que la tierce mineure re fa, et son renversement, la sixte majeure fa re des physiciens sont identiques aux mêmes intervalles Pythagoriciens: 32/27 pour la tierce, et 27/16 pour la sixte.

Toutes les quintes justes se composent de 2 tons majeurs, 1 ton mineur et $\frac{1}{2}$ ton majeur, sauf la quinte re la, qui se compose de 2 tons mineurs, 1 ton majeur, et $\frac{1}{2}$ ton majeur.

Les quartes diminuées: la re♭, mi la♭, etc... se composent de 1 ton majeur et de 2 demi-tons majeurs; les quartes diminuées: re sol♭, sol do♭, se composent de 1 ton mineur et de 2 demi-tons majeurs.

Pour les quintes augmentées: la quinte re la♯ renferme d'abord l'irrégularité de la quinte re la, et sous ce rapport est toute spéciale; la quinte augmentée fa do♯ $= \frac{3}{2} \times \frac{135}{128}$ raison du $\frac{1}{2}$ ton mineur du ton majeur do re; les quintes augmentées do sol♯, et sol re♯ $= \frac{3}{2} \times \frac{75}{72}$ raison des $\frac{1}{2}$ tons mineurs des tons mineurs sol la, et re mi.

Les sixtes majeures do la, re si, sol mi, se composent de 2 tons majeurs, 2 tons mineurs et un $\frac{1}{2}$ ton majeur; la sixte majeure fa re se compose de 3 tons majeurs, 1 ton mineur et un $\frac{1}{2}$ ton majeur; et ainsi de suite.

En examinant le tableau des facteurs fractionnaires donnant les relations d'un degré au suivant, on découvre facilement les raisons des différences entre les intervalles de même nature.

Certains intervalles diffèrent donc par suite du rang de leurs notes dans la gamme, et c'est ce qui explique pourquoi nous avons dit plus haut que, pour classer les intervalles, il faut procéder par transposition de la gamme d'ut prise comme modèle dans le tableau ci-dessus.

Il faut rappeler ici que les intervalles diminués ou augmentés, quoique ne faisant pas partie de la gamme, sauf pour la 2ᵈᵉ augmentée et la 7ᵉ diminuée, en mode mineur, et la 5ᵗᵉ diminuée dans les deux modes, sont d'un emploi assez fréquent dans l'harmonie moderne, ce qui nécessite leur détermination.

Gamme mineure.

La gamme relative, celle qui a sa tonique à une tierce mineure au dessous de la tonique d'un ton majeur, se compose des mêmes sons que sa gamme relative majeure, sauf pour la sensible qui est haussée d'un demi-ton mineur; autrement dit, la gamme d'ut majeur et celle de la mineur sont relatives l'une de l'autre, et se composent des mêmes sons portant

les mêmes noms, sauf pour la sensible du ton
mineur, sol♯, qui est le sol naturel du ton d'ut
haussé d'un $\frac{1}{2}$ ton mineur.

$$217\tfrac{1}{2};\ 244\tfrac{13}{16};\ 261;\ 293\tfrac{1}{3};\ 326\tfrac{1}{4};\ 348;\ 407\tfrac{13}{15};\ 435.$$

$$1 \times \tfrac{9}{8} = \quad \times \tfrac{16}{15} = \quad \times \tfrac{9}{8} = \quad \times \tfrac{10}{9} = \quad \times \tfrac{16}{15} = \quad \times \tfrac{75}{64} = \quad \times \tfrac{16}{15} = \ = 2.$$

Comme pour la gamme majeure, pour obtenir la
gamme descendante, partant du nombre 2, il suffit
de se servir des facteurs fractionnaires renversés, on
aboutira au nombre 1.

La quarte augmentée re sol♯ et son renversement
la quinte diminuée sol♯ re, ne sont pas identiques
aux mêmes intervalles correspondants du relatif majeur

Tableau supplémentaire des intervalles

Quarte augmentée re sol♯ 25/18

Quinte diminuée sol♯ re . . . 36/25

Septième diminuée sol♯ fa 128/75

Tous les autres intervalles formés par le sol♯ et les
autres notes de la gamme de la mineur se trouvent
dans le tableau précédent.

———————

Discussions

Chapitre III
De la genèse proprement dite.

Le système de Pythagore groupe toutes les notes de la gamme majeure dans une seule définition, fait que tout dépend d'un seul principe: une suite de quintes justes; ce principe explique et détermine les intervalles de ton et de demi-ton, et leurs places dans la gamme majeure.

Nous ne voulons pas dire que ce système préexistait à l'invention de la gamme, nous sommes, au contraire, persuadé que la gamme n'a jamais été inventée, et que le premier homme qui a essayé de chanter a constaté que, pour ce faire, il existait une loi qu'il a subie sans chercher à l'expliquer; mais, nous voulons dire que la suite des quintes: fa, do, sol, ré, la, mi, si, prolongée par fa♯, do♯, sol♯, etc..... — ou renversée en quintes descendantes: si♭, mi♭, la♭, ré♭, sol♭, do♭ et fa♭.... — définit et règle nettement toutes les gammes majeures, sans qu'il soit nécessaire de faire intervenir des considérations d'ordre sentimental, (ou « métaphysique » comme disent les physiciens) telles que : la tendance de la note sensible à monter sur la tonique, et, par suite, la nécessité pour cette sensible d'être rapprochée de la dite tonique.

Bouasse. Bases physiques de la musique, page 92, n°. 57, 1re S. « J'indiquerai le système d' « Euler comme une généralisation de la construc- « tion de la gamme par des puissances de 2 et de « 3, et comme un exemple de ces fausses théories « qui ont l'air d'une explication et n'expliquent « rien. »

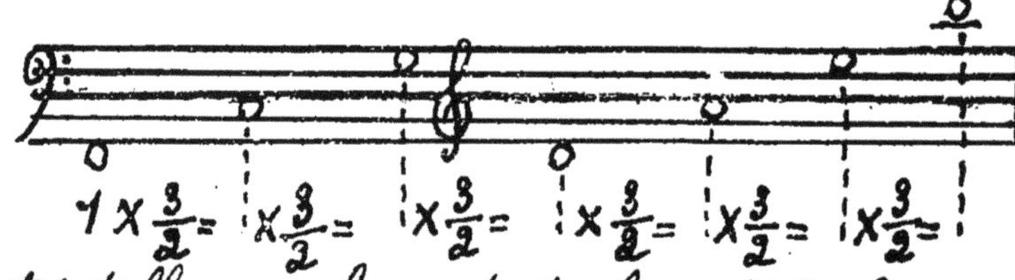

Ce petit tableau renferme toutes les notes de la gamme majeure, et réduit à une gamme comme nous l'avons fait précédemment, met bien toutes les notes à leurs places, et nonobstant l'avis de M. Bouasse, explique bien la gamme.

Il est à remarquer que la suite des quintes n'a pas sa base sur la tonique mais sur le 4e degré, fa.

Étant donné que la gamme de do a pour base do, ceci peut paraître étrange; mais cette suite de quintes se termine par la sensible, si. Or, quand on fait ré- sonner simultanément ces deux notes extrêmes de la série, fa et si, on produit un accord dissonnant qui exige une suite, une résolution : le fa est attiré vers le mi, et le si, vers le do; ces deux notes, do et mi, forment précisément l'accord de tonique. Ceci semble expliquer pourquoi la suite des quintes ne commence pas par la tonique.

Les physiciens, envisageant des considérations de consonnances et de battements dans la sonorité des accords, ont bâti leur système sur une base sonore unique, prétendant que cette base renferme forcément la gamme majeure. Au point de vue purement ma- thématique, ils ont raison, et ils ont même tellement raison qu'en examinant la suite des nombres entiers, on est obligé de constater que tous les rapports possibles s'y trouvent inclus, et que, non seulement on y trouve leur système, mais encore celui de Pythagore; on pourrait même en bâtir beaucoup d'autres qui n'ont pas encore vu le jour, tels que des gammes composées de 8 notes, de 9 notes, etc... dans un ordre quelconque, ce qui démontre que le point de vue purement mathématique n'a aucune valeur en faveur de n'importe quel système, et par conséquent, en faveur d'un système qui prétend expliquer l'art moderne, celui de Pythagore compris.

En prenant pour base le do^1 $65\frac{1}{4}$ des physiciens, par exemple, et en comparant, avec la progression arithmétique, les nombres de vibrations de chaque note calculés sur la base la^3, nous obtenons:

Progression arithmétique	Gamme
1. $do^1 = 65\frac{1}{4}$ - - - -	$do\ 1$,,
2. $do^2 = 130\frac{1}{2}$ - - -	$do\ 2$,,
3. $sol^2 = 195\frac{3}{4}$ - - -	$sol\ 2$,,
4. $do^3 = 251$ - - -	do^3 ,,
	$re^3 = 293\frac{5}{8}$
5. $mi^3 = 326\frac{1}{4}$ - - -	mi^3 ,,
	$fa^3 = 348$
6. $sol^3 = 391\frac{1}{2}$ - - -	sol^3 ,,
	$la^3 = 435$
7. $= 456\frac{3}{4}$	
	$sib^3 = 464$
	$si\natural^3 = 489\frac{3}{8}$
8. $do^4 = 522$ - - - - -	do^4 ,,

Progression arithmétique	Gamme	
9 re^4 = 587 ¼ -----	re^4	"
10 mi^4 = 652 ½ -----	mi^4	"
	fa^4 = 696	
11 = 717 ¾		
	$fa\#^4$ = 734 $\frac{1}{15}$	
	$sol\flat^4$ = 742 $\frac{6}{15}$	
12 sol^4 = 783 -----	$sol\natural^4$	"
	$sol\#^4$ = 815 $\frac{5}{8}$	
	lab^4 = 835 $\frac{1}{5}$	
13 = 848 ¼		
	$la\natural^4$ = 870	
14 = 913 ½		
	$la\#^4$ = 917 $\frac{97}{64}$	
	sib^4 = 928	
15 si^4 = 978 ¾ -----	$si\natural^4$	"
16 do^5 = 1044 -----	do^5	"

A titre documentaire, faisons la même opération
pour le système de Pythagore.

Progression arithmétique	Gamme	
1 do^1 = 64 $\frac{4}{9}$ -----	do^1	"
2 do^2 = 128 $\frac{8}{9}$ -----	do^2	"
3 sol^2 = 193 $\frac{1}{3}$ -----	sol^2	"
4 do^3 = 257 $\frac{7}{9}$ -----	do^3	"

$$5 \quad = 322\tfrac{2}{9}$$

$$6 \; sol^3 = 386\tfrac{2}{3} \;\text{------}$$

$$7 \quad = 451\tfrac{1}{9}$$

$$8 \; do^4 = 515\tfrac{5}{9} \;\text{------}$$

$$9 \; re^4 = 580 \;\text{------}$$

$$10 \quad = 644\tfrac{4}{9}$$

$$11 \quad = 708\tfrac{8}{9}$$

$$12 \; sol^4 = 773\tfrac{1}{3} \;\text{----}$$

$$13 \quad = 837\tfrac{7}{9}$$

$$14 \quad = 902\tfrac{2}{9}$$

$$re^3 = 290$$

$$mi^3 = 326\tfrac{1}{4}$$

$$fa^3 = 343\tfrac{19}{27}$$

$$sol^3 \qquad ''$$

$$la^3 = 435$$

$$sib^3 = 458\tfrac{22}{81}$$

$$si\natural^3 = 489\tfrac{3}{8}$$

$$do^4 \qquad ''$$

$$re^4 \qquad ''$$

$$mi^4 = 652\tfrac{1}{2}$$

$$fa^4 = 687\tfrac{11}{27}$$

$$solb^4 = 724\tfrac{1196}{6561}$$

$$fa\#^4 = 734\tfrac{1}{16}$$

$$sol^4 \qquad ''$$

$$lab^4 = 814\tfrac{514}{729}$$

$$sol\#^4 = 825\tfrac{105}{128}$$

$$la^4 = 870$$

$$15 = 966\tfrac{2}{3}$$

$$16 \quad do^5 = 1031\tfrac{1}{3} \ldots$$

$$si\,b^4 = 916\tfrac{44}{81}$$

$$la\#^4 = 929\tfrac{49}{1024}$$

$$si^4 = 978\tfrac{3}{4}$$

$$do^5$$

Dans ces deux tableaux les concordances sont au nombre de 12 pour le système des physiciens, de 9, pour le système de Pythagore, ce qui provient évidemment de l'emploi du terme 5 chez les physiciens.

En recherchant la gamme dans la suite des termes de la progression, nous trouvons :

1 - 2   une octave.

2 - 3   une quinte.

3 - 4   une quarte.

4 - 5   une tierce majeure, trop faible, disent les musiciens.

5 - 6   une tierce mineure, trop forte, disent les musiciens.

6 - 7   plus qu'un ton, moins qu'une tierce mineure.

7 - 8   plus qu'un ton.

8 - 9   un ton.

9 - 10   un ton, trop faible, disent les musiciens.

10 - 11   plus qu'un $\tfrac{1}{2}$ ton

11 - 12   plus qu'un $\tfrac{1}{2}$ ton

12 – 13   plus qu'un $\frac{1}{2}$ ton.

13 – 14   plus qu'un $\frac{1}{2}$ ton.

14 – 15   plus qu'un $\frac{1}{2}$ ton.

15 – 16   un demi-ton, pour les physiciens.

En continuant la progression on obtiendrait des intervalles de plus en plus petits.

Pour voir, dans cette suite de sons, quelque chose qui ressemble à la gamme, il faut y mettre de la bonne volonté.

Mais, disent les physiciens, dans la formation de la gamme, il intervient des principes que nous considérons comme décisifs: les musiciens emploient des accords qui sont formés de tierces successives, c'est-à-dire de consonnances, il importe donc avant tout que la gamme soit basée sur un système de consonnances.

Nous allons examiner la question; mais auparavant il importe de déblayer le terrain d'une théorie concernant la note sensible, que les physiciens interprètent mal.

Bouasse. Bases physiques de la musique, page 54, dernier §.

« Quant à la septième note, sa parenté avec

« le fondamental est très faible ; il ne faut pas
« s'étonner que sa hauteur soit très-mal fixée
« et prête toujours à contestation. On est tenté,
« dans les mélodies de la rapprocher de l'octave
« de la tonique dont elle est la préparation.
« Mais cette note se trouve par là même élevée
« à une importance toute particulière. La musi-
« que classique, qui cherche à accentuer le rôle
« de la tonique, aurait besoin dans les mouvements
« ascendants vers la tonique d'un intervalle petit.
« Aussi, bien que le si♭, dont l'intervalle à la
« tonique est défini par le rapport 7 : 4, possède
« une affinité relativement avec elle, il a dû céder
« sa place au si naturel plus voisin de la tonique
« et lui servant de préparation.
« Nous retrouverons cette tendance du si à se rap-
« procher de sa résolution en étudiant la gamme
« de Pythagore. »
La sensible de Pythagore est plus près de la
tonique que celle des physiciens — en effet,
256 : 243 < 16 : 15 — ce qui est en conformité parfaite avec le sentiment des musiciens.
La sensible doit se rapprocher de la tonique

par suite d'une tendance résolutive ? ......
il est exact que dans l'accord parfait majeur
de la dominante, sol si ré, en ut, cette sensible
a une tendance à monter sur la tonique, tendance qui est encore accentuée par l'adjonction
d'une septième, sol si ré fa, en ut, mais ceci
n'est pas impérieux au point qu'on ne puisse
pas y contrevenir — en faisant descendre le si ♮
sur le si ♭, par exemple, ce dont la musique classique est fortement émaillée — en outre, quand
la sensible appartient à l'accord du 3ᵉ degré,
mi sol si, en ut, elle n'a aucune tendance ;
et enfin, quand cette sensible fait partie de l'
accord de septième dont la tonique est fondamentale,
do mi sol si, en ut, elle a une tendance à descendre, ce qu'on rencontre aussi très-souvent
dans la musique classique.
Au milieu de tout cela se trouve « la gamme »
dont toutes les notes, par rapport les unes aux
autres, sont nettement fixées, sensible comprise.
Les concertistes, instrumentistes à cordes et chan-
teurs, font quelquefois usage d'une sorte de
glissade, de la sensible à la tonique, ce qui ne

se recommande jamais de la pureté du style
— nous ne voulons pas parler de ce que les éxé-
cutants nomment « port de voix » et les harmonistes
« anticipation directe ». — Dans tous les cas, les
chefs d'orchestres interdisent formellement cette
pratique à l'orchestre, car il n'existe qu'un
seul moyen de chanter ou de jouer faux, c'est
de ne pas faire les notes de la gamme à leurs
hauteurs réelles, le moyen est unique mais il
suffit largement.

Au sujet de la hauteur de la note sensible,
l'incertitude n'existe que dans l'esprit des
physiciens, et, est une conséquence de leur
système — on pourrait même dire « une incon-
séquence » et ce n'est pas la seule.

La sensible ne peut pas faire partie du système
des physiciens, elle existe pourtant, et l'on ne
peut pas s'en passer. Il est à remarquer
qu'elle fait partie du système de Pythagore.

Nous pouvons donc dire dès maintenant que
les physiciens n'expliquent pas toute la gamme,
et que, pour s'en tirer, ils sont obligés de faire
état d'un argument des musiciens, de considérer

que le « sentiment musical » a des exigences qui
échappent à cet esprit de système qu'ils nomment
« l'esprit scientifique ». M. Bouasse semble le
pressentir quand il dit, page 75 et 76 :

« Mais n'oublions pas que classer des fractions
« et déclarer que nous déterminons indubitablement,
« par les plus simples, le degré de douceur ou de
« dureté relative de tous les intervalles qu'elles
« représentent, n'est pas une explication physique.
« C'est la raison de ce classement que le physicien
« recherche ; son rôle commence alors que l'artiste
« peut se déclarer satisfait.
« Est-il nécessaire d'ajouter qu'on a composé
« d'excellente musique avant qu'on ait posé
« la question scientifique ; beaucoup de musiciens
« auront fort heureusement du génie, sans connaî-
« tre un mot d'Acoustique ; le physicien n'espère
« pas que ses théories fourniront la moindre idée
« à aucun d'entre eux. Et réciproquement, que
« ses théories aient ou n'aient pas l'approbation
« des musiciens, lui est parfaitement indifférent.
« Ne mélangeons pas les genres. »
En effet, les genres ne se mélangent pas ;

mais, il semble pourtant qu'à propos de la note
sensible Mr Bouasse les ait mélangés. En
outre, nous ne comprenons pas très-bien l'état
d'esprit des physiciens dont le rôle commence
alors que l'artiste peut se déclarer satisfait,
et qui sont en même temps indifférents à
son approbation.

✳   ✳   ✳

Chapitre IV

Des consonnances et des dissonances

Nous touchons ici au point qui doit départager
les physiciens et les musiciens, et qui doit nous
dire si la gamme est composée de sons différents,
ou des harmoniques d'un son considéré comme
base, comme tonique, sans plus.

Après la sensible, la deuxième pierre d'achop-
pement que rencontrent les physiciens, dans leur
système, est cette quinte du 2e ou 6e degré,
re la, en ut, qui n'est pas juste ; elle est en
différence de un comma (ton majeur, ton mineur).
Les physiciens parlent de la tolérance de

l'oreille: elle n'est pas la même pour tous les intervalles; l'oreille est d'une intolérance absolue pour l'unisson et l'octave, après vient quinte, mais pour ce dernier intervalle, tout au plus permet-elle la quinte tempérée, dont la différence avec la quinte juste est très-minime, $\frac{1}{12}$ de comma Pythagoricien. Puis viennent les les tierces, etc... mais dans tous les cas, la différence d'un comma dans une quinte est absolument insupportable.

M. Bouasse, page 50, n° 32. Constitution de la gamme diatonique majeure.

Après avoir établi les premiers rudiments de la gamme au moyen de l'octave d'abord, de la quinte et de son renversement, la quarte, ce qui est commun aux deux systèmes de genèse, et après avoir constitué le 1er tétracorde, do ré mi fa, selon le système des physiciens, plus le sol, quinte juste, l'auteur se trouve fort embarrassé pour justifier la 2e tétracorde, sol la si do. Il s'en tire en intervertissant l'ordre des tons, pour obtenir un la qui ait une parenté avec l'ut (page 54); c'est entendu, mais le dommage

de n'avoir pas de quinte sur le 2ᵉ degré subsiste.
A la page 68, l'auteur dit: « La quinte fausse
« re³ la³ de la gamme naturelle n'est donc pas
« un intervalle consonnant. »
Autrement dit, il n'y a pas d'accord sur le 2ᵉ
degré de la gamme, ce qui est, dans l'art musical moderne, une négation inadmissible.
Dans le mode mineur, l'accord du 2ᵉ degré, si
re fa, en la mineur, renferme une tierce mineure
et une quinte diminuée ; sans doute il n'est pas
un accord consonnant au sens strict du mot, il
possède les tendances attractives de sa constitution
et surtout de son rang dans la gamme, mais il
est composé de notes constitutives du mode, comme
tous les accords d'ailleurs ; il est tonal ; tandis qu'
avec la quinte fausse des physiciens, dans le mode
majeur, c'est faux, un point, c'est tout.
Mais le dommage ne s'arrête pas là : dans la
tonalité majeure, le plus bel accord, celui qui a
la plénitude sonore la plus grande, est l'accord
de neuvième majeure de dominante, sol si re fa
la, en ut. Si l'on se réfère aux intervalles
« naturels » comme disent les physiciens, · on

trouve que dans une base sonore unique génératrice de toutes les notes de la gamme, la neuvième a pour rapport $9:4$ (celle résultant du système des physiciens est : $20:9$.)

$$Do^3 \quad mi^3 \quad sol^3 \quad (sib) \quad do^4 \quad re^4$$
$$4 \quad\quad 5 \quad\quad 6 \quad\quad 7 \quad\quad 8 \quad\quad 9$$

ce dont les physiciens conviennent puisque, en ut, do re est un ton majeur.

Dira-t-on qu'il n'est pas question de la neuvième $do^3 re^4$, mais, en ut, de la neuvième $sol^2 la^3$; mais, si la suite des nombres entiers les plus petits possibles donne la raison des intervalles « naturels », la question reste la même, et qui plus est, elle réside dans la base même du son fondamental sol :

$$Sol^2 \quad si^2 \quad re^3 \quad (fa) \quad sol^3 \quad la^3$$
$$4 \quad\quad 5 \quad\quad 6 \quad\quad 7 \quad\quad 8 \quad\quad 9$$

Dira-t-on encore que cette neuvième, la, est tonale par suite de sa « parenté » avec la tonique, mais, les physiciens, pour établir la validité des intervalles, invoquent la résonance de ces mêmes intervalles au moment où elle produit. On ne peut même pas rattacher cette quinte fausse

re³ la³ à la quinte diminuée si fa, en la mineur,
qui occupe les degrés correspondants dans ce mode:
un accord de quinte diminuée est un accord de
quinte diminuée, il y en a un sur la sensible
de chaque mode.

Non seulement le rapport du re³ au la³ est
faux, mais encore celui du sol² au la³. Encore
un accord par terre, et c'est vraiment dommage,
car il est très-beau.

Nous tenons essentiellement à faire remarquer que
nous n'entendons pas dire que l'accord de trois
sons du 2ᵉ degré, de consonnant qu'il devrait être,
est devenu dissonnant; et l'accord de neuvième
majeure, de dissonnant qu'il est, soit devenu plus
dissonnant; nous disons nettement absence d'accord.
Les accords dissonnants sont, comme les autres, composés régulièrement des notes de la gamme; sauf
les quintes diminuées constitutives des modes, toutes
les quintes doivent être justes, et c'est le système
Pythagoricien.
Au sujet de l'accord du 2ᵉ degré re fa la, en ut,
nous avons déjà vu, dans le chapitre 2, que la
tierce re fa, des physiciens, est Pythagoricienne.

Mr Bouasse, page 92, 3e et 4e paragraphes, dit:

« Si les tierces tempérées sont dures, que dire des
« tierces pythagoriciennes ! à quels battements
« l'introduction de cette gamme ne conduirait-elle pas?
« La vérité, c'est que les musiciens ne se rendent
« pas un compte bien exact de ce qu'ils disent…! etc

L'auteur du présent ouvrage est un musicien
suffisamment instruit dans son art pour pouvoir
affirmer à Mr Bouasse que la musique est
difficile, et qu'avant d'en parler sur ce ton, il
serait peut-être bon de l'approfondir.

Dans les deux systèmes de genèse de la gamme
majeure, le principe qui régit l'intervalle de
quinte juste, et son renversement, la quarte, est
identique, sauf pour la quinte du 2e degré, et son
renversement, chez les physiciens, que nous avons en-
visagés ci-dessus. Tout le désaccord repose en réalité sur les intervalles de tierce, ce qui entraine
une conception différente de l'intervalle de seconde
majeure: en un mot, en ut, le do, le re, le fa et
le sol, sont communs aux deux systèmes (les
nombres de vibrations différents qu'on remarque
sur les deux tableaux, chapitre 2, proviennent

de ce que les deux systèmes ont été calculés sur
la base la³ 435, mais le principe est le même;
le mi, le la, et le si diffèrent.

Chez les physiciens, les trois tierces majeures:
do mi, fa la, sol si = 5 : 4.

Les trois tierces mineures: mi sol, la do, si re = 6 : 5;
la tierce mineure: re fa = 32 : 27

Chez les Pythagoriciens, les trois tierces majeures:
do mi, fa la, sol si = 81 : 64.

Les quatre tierces mineures: re fa, mi sol, la do,
si re = 32 : 27.

A noter que, chez les physiciens, les trois tierces
mineures: mi sol, la do, si re, sont plus grandes,
que chez les Pythagoriciens, du comma: ton majeur,
ton mineur; et en définitive, la quinte étant
fixe, tout le litige repose sur la tierce majeure.

Les physiciens prétendent que pour qu'un intervalle de tierce soit consonnant, ou un autre intervalle quelconque, il faut que le rapport numérique
soit le plus simple possible; c'est en vertu de cet
argument qu'ils préconisent la tierce majeure 5 : 4
et la tierce mineure 6 : 5 — ils glissent sur leur
tierce mineure 32 : 27 — ; en outre, ils disent que

pour qu'un accord soit consonnant il faut qu'il ne soit composé que de consonances, ce en quoi ils sont d'accord avec les musiciens; exemple: pour que l'accord do mi sol soit consonnant, il faut que do mi, mi sol et do sol soient des consonances. A la vérité ils sont impuissants à rendre compte des accords dissonnants, ils ne s'aventurent pas, du reste, dans ce domaine, mais, puisqu'ils ont la prétention de constituer une gamme sur un système de consonances, non seulement pour la quinte et la quarte, mais aussi pour les tierces, il en résulte que la constitution des accords dissonnants qui, dans leurs positions directes, ne pouvant être formés que de suites de tierces, chacune de ces tierces doit être une consonance; exemple: soit l'accord de septième de dominante du ton d'ut, sol si re fa; sol si, si re, re fa, doivent être des consonances, et l'accord ne devient dissonnant que par la 3e tierce qui donne une septième avec la fondamentale, sol fa. Cet accord est le plus doux de tous les accords dissonnants, en plus de la septième il contient une dissonnance de quinte diminuée, si fa; cette dernière circonstance gêne-t-elle les physiciens? Soit l'accord de septième, do mi sol si; ici, à part la septième qui est majeure, tous les autres intervalles sont consonnants: deux quintes justes, do sol, mi si; trois tierces, do mi, mi sol, sol si; l'accord de septième majeure, fa la do mi, est identique. En envisageant l'accord de neuvième majeure, sol si re fa la, nous constatons qu'il contient quatre dissonances: une quinte diminuée, si fa; deux septièmes mineures, sol fa, si la; une neuvième majeure, sol la; il est pourtant beaucoup plus doux que les accords de septième majeure qui ne contiennent qu'une dissonance.

A propos de l'accord de neuvième majeure, une observation s'impose. Si la suite des nombres entiers les plus petits possible est, seule, la raison des consonances de tierce, et en établissant l'accord sur les données suivantes:

En rassemblant les notes sur la clef de sol, et en supprimant le terme 8 qui n'est que la répétition du terme 4:

Nous constatons: une tierce majeure, do mi 5:4; une tierce mineure, mi sol; un intervalle qui n'a pas de nom, sol si♭, plus petit de 1:54 que la tierce mineure Pythagoricienne, qui est elle-même plus petite que celle des physiciens; un autre intervalle qui n'a pas de nom non plus, si♭ re, plus grand de 9:448 que la tierce majeure Pythagoricienne, qui est elle-même plus grande que celle des physiciens.

« A quels battements, dirat Mᵉ Bouasse, un pareil « accord ne conduirait-il pas? »

Pourtant, tous ces intervalles sont bien « naturels » (Nous traiterons des battements plus loin).

On objectera peut-être qu'en supprimant le terme 8, pour envisager le rapport 9:7, nous n'avons plus un rapport simple ... soit, supprimons la neuvième, il nous restera un accord de septième de dominante composé des termes 4, 5, 6, 7; mais, le rapport 7:6 est plus petit qu'une tierce mineure. Du reste, aucun intervalle de

neuvième ne peut être simple, on l'emploie
pourtant, et avec fruit.

Il faut ajouter que cet accord appartient à la
tonalité de fa, or, le terme 7, si b, ne peut
être utilisé dans cette tonalité.

Arrivé à ce point nous posons en principe le fait
suivant :

En écoutant un accord de neuvième majeure
comme ci-dessus, composé des termes 4, 5, 6, 7, 9,
il ne viendra à personne, et ce sans exception, l'idée
de dire que la résonnance est fausse, à la condition
expresse toutefois que cet accord ne soit ni précédé, ni
suivi, d'aucune autre agrégation de sons.

L'expérience est bien facile à faire : on réunit
cinq cors d'harmonie du même ton, en fa par
exemple, et on leur fait donner les cinq notes :
do, mi, sol, si b, ré, comme dans l'exemple 1
ci-dessous. Ces cinq instruments étant en fa,
donneront en réalité fa^3, la^2, do^3, $mi\,b^3$,
sol^3 ; si la sonorité paraît trop compacte,
on peut mettre l'accord dans une position
plus étendue, en transportant le do et le sol
à l'octave grave, comme dans l'exemple 2

ci-dessous; on aura alors: fa^1, do^2, la^2, mib^3, sol^3.

Pour que l'expérience soit réelle, il faut demander aux cornistes, non seulement de ne pas se servir du mécanisme des pistons, ce qui fausserait l'expérience, mais encore de ne pas influer par la pression des lèvres sur le mi et le sib, ce qui fausserait encore l'expérience, c'est-à-dire qu'on n'obtiendrait pas le terme 5 et le terme 7 à leurs hauteurs réelles.

Quand les physiciens disent que les termes 4, 5 et 6 de la progression arithmétique, réunis en accord, résonnent bien, ils ont raison en ce qui concerne un accord isolé sans liaison avec des groupes d'autres sons; encore faut-il n'envisager que l'accord parfait majeur seulement: les physiciens se sont bornés à cette considération. Mais quand nous considérons l'accord parfait mineur, la théorie

des physiciens se trouve en défaut, et toutes leurs
tentatives pour rattacher la fondamentale et la
tierce à la quinte, comme « parenté » ne signifient pas grand'chose.

M⁺ Bouasse, page 59, n° 37, s'exprime ainsi :
« Il n'en est plus de même de l'accord par-
« fait mineur ut mi♭ sol. Les sons ut et
« mi♭ n'étant parents que par l'intermédiaire
« du sol, l'idée de l'ut comme tonique ne
« s'impose pas. D'après la manière dont
« Rameau obtient l'accord mineur, il serait
« rationnel de le considérer d'une manière
« inverse de l'accord majeur. Il serait obtenu
« au dessous de la fondamentale et non plus
« au dessus; la fondamentale serait alors le sol.
« Il y a une très-réelle difficulté sur laquelle
« nous ne pouvons insister. Helmholtz re-
« marque que cet accord correspond si peu
« à une idée précise de tonalité que les
« auteurs du XVIII⁺ siècle, qui ont commencé
« à l'employer comme terminaison, dissimulent
« toujours la tierce. »

Quelle que soit l'ingéniosité que les physiciens

déploient pour trouver des parentés, en suivant leur système, il est tout de même impossible de faire qu'un ut résonnant comme fondamentale, c'est-à-dire comme la note la plus grave, n'ait dans ses harmoniques un mi♮ 5 : 4 ; or, il est question de l'accord parfait mineur qui renferme un mi♭. La manière dont Rameau obtient l'accord mineur ne peut pas, par conséquent, s'appliquer au système des physiciens. Nous nous élevons énergiquement contre l'assertion d'Helmholtz, citée par Mr. Bouasse, disant que l'accord mineur correspond peu à l'idée de tonalité ; l'accord de tonique d'un ton mineur, dans la terminaison d'une œuvre, a exactement la même valeur dans son mode, que l'accord parfait majeur terminant une œuvre en mode majeur. Pour ce qui est de « les auteurs du XVIIIᵉ siècle qui « ont commencé à l'employer comme terminaison, « dissimulent toujours la tierce », il nous suffira de citer Bach, dans son « Clavecin bien tempéré » seulement. Ce maître a vécu de 1685 à 1750 ; toutes les œuvres que nous allons citer sont en mode mineur, et terminées par un accord parfait mineur, ou complet avec tierce et quinte, ou sans quinte, mais toujours avec la tierce mineure.

Première partie : fugue en mi b mineur ; prélude en mi mineur, et fugue suivante ; fugue en sol mineur ; fugue en sol # mineur ; prélude en si mineur.

Deuxième partie : prélude en ut mineur, et fugue suivante ; prélude en ut # mineur, et fugue suivante ; fugue en ré # mineur ; prélude en fa mineur ; prélude en fa # mineur, et fugue suivante ; prélude en sol # mineur ; prélude en si b mineur, et fugue suivante ; prélude en si mineur, et fugue suivante. Le clavecin bien tempéré de Bach n'est qu'une petite partie de son œuvre, et nous ne citons que lui.

Il est vraiment étrange que les physiciens trouvent l'accord majeur juste et l'accord mineur faux.

L'accord majeur do, mi, sol, 1, 5/4, 3/2 serait juste parce que sur la fondamentale do ne résonnent que des harmoniques de ce do ; l'accord mineur do, mi b, sol, 1, 6/5, 3/2 serait faux parce que renfermant un mi b en désaccord avec 5/4, harmonique de do.

Mais, dans ces accords, toutes les notes résonnent également avec leurs harmoniques : dans l'accord mineur, si mi♭ est en désaccord avec do, sol est en accord avec mi♭, puisque c'est une tierce majeure 5/4 ; dans l'accord majeur, si, mi est en accord avec do, en revanche sol est en désaccord avec mi, puisque le terme 5 de mi est un sol♯, et que l'accord renferme un sol naturel.

En appliquant leur système les physiciens devraient trouver que ces accords sont faux tous les deux.

Revenons au principe ci-dessus.

L'accord de neuvième majeure 4, 5, 6, 7, 9, résonne bien ; il comprend d'abord 4, 5, 6, ou l'accord parfait majeur des physiciens ; 5, 6, 7, dont le 7 : 5 et le 7 : 6 ne correspondent à rien, mais qui résonne bien ; et 6, 7, 9, qui résonne également bien car, si l'une de ces trois parties résonnait mal, l'accord tout entier ne pourrait pas résonner bien.

Examinons 6, 7, 9 : 7 : 6 est moins qu'une tierce mineure ; 9 : 7 est plus qu'une tierce majeure ; et ce sont des intervalles « naturels ».

En définitive, qu'est-ce donc qu'une tierce consonnante? Helmholtz, page 298:
« Mais, abstraction faite de ce que le système
« d'Euler laisse sans explication ce fait, qu'une
« consonnance un peu altérée sonne à peu près
« aussi bien qu'une consonnance juste ..... »
Les physiciens, pour décider si une tierce est
consonnante ou non, s'arrêtent au terme 6 de
la progression arithmétique, pourquoi?
On aperçoit très-bien qu'en continuant la
série des intervalles « naturels » il deviendrait
impossible de constituer la gamme, du moins,
dans leur système, mais on aperçoit aussi qu'ils
n'ont pas réussi, citons: sensible n'ayant pas
de rapport avec la tonique; tierce mineure.
32:27, qu'ils réprouvent d'autre part; absence
de quinte juste, et par conséquent absence.
d'accord consonnant sur le 2e degré de la gamme;
absence d'accord de neuvième majeure de dominante, car ce dernier accord renferme l'accord
complet du 2e degré _ sol si re fa la renferme re fa la _
La décroissance progressive des intervalles « naturels »

de 5 : 4; 6 : 5; 7 : 6; 8 : 7; 9 : 8; etc.. peut être prolongée sans cesser d'être « naturelle ».

Mr Bouasse, page 72, note au bas de la page, dit:
« Ce n'est pas l'opinion de nombreux musiciens
« qui ont écrit sur la musique. Malheureuse-
« ment ils ne se rendent pas un compte exact
« du rôle et de la nature d'une théorie physique.
« Ils prennent pour des explications scientifiques
« des opinions esthétiques. Ils ont toujours à la
« bouche le sens artistique, le sentiment musi-
« cal, données sur lesquelles il est juste possible
« de construire une théorie métaphysique. Je ne
« veux pas dire que tout soit parfait dans la
« théorie d'Helmholtz, mais c'est la seule thé-
« orie physique que nous ayons. »

Nous sommes obligés de constater que les physiciens ont toujours à la bouche le mot « naturel »,
et que, quand on examine de près leur système,
on s'aperçoit que ce mot ne signifie rien.

Le rôle, et la nature d'une théorie physique,
est-il d'expliquer des faits ? Nous savons que
ces éminents hommes de science ont en médiocre
estime: les opinions esthétiques, le sens artistique,

le sentiment musical et les théories métaphysiques. Mais, convient-il de nier ces sentiments
s'ils forment la nature même de l'art musical?
et ce, pour n'aboutir qu'à des conclusions qui,
scientifiquement, sont absurdes. Nous verrons
les contradictions plus loin.

Helmholtz, page 306.

« Il en résulte, et cette proposition n'est pas
« toujours prise en considération par les théoriciens
« et les historiens actuels de la musique, il en
« résulte, dis-je, que le système des gammes,
« des modes et de leur enchaînement harmonique,
« ne repose pas sur des lois naturelles invariables,
« mais qu'il est, au contraire, la conséquence
« de principes esthétiques qui ont varié avec le
« développement progressif de l'humanité et
« qui varieront encore. »

Helmholtz, introduction, page 1, 2ᵉ §.

« Dans les temps modernes, les domaines respectifs
« de la Science, de la philosophie et de l'art ont
« été séparés plus que de raison. »

Helmholtz, page 47, dernier paragraphe.

L'auteur, après avoir émis des doutes sur la

véracité des spéculations mathématiques, s'exprime ainsi:

« Car les modes de démonstration qui cadrent
« avec la nature intime des choses, sont naturel-
« lement ceux qui conduisent aux résultats
« les plus convenables et les plus clairs. »
M. Bouasse, Bases physiques de la musique,
Introduction.

« Dès la première fois que j'ai lu le traité
« d'Helmholtz sur la Théorie physiologique
« de la musique, voici bientôt vingt ans, j'ai
« ressenti pour ce Livre une admiration pro-
« fonde. Depuis je l'ai souvent relu et mon
« admiration n'a pas diminué.
« Cependant, s'il m'arrive d'en parler
« devant des physiciens, je constate que neuf
« sur dix n'en connaissent que le titre, ils
« sont excusables, le volume est gros et la
« vie est brève. Mais ils semblent croire que
« ce livre, écrit voilà près de cinquante ans,
« est vieux jeu et plus du tout à la hauteur;
« à les entendre ils n'ont que faire de le méditer.
« Quand j'en parle à un musicien,   ma

« malchance veut que, sans l'avoir jamais lu,
« mon interlocuteur le déclare démodé, faux,
« bon à mettre au pilon. Par quoi il songe
« à le remplacer est généralement assez obscur
« et gît encore dans les limbes de son cerveau.
« Il se fait naturellement l'idée la plus
« fausse de ce que les physiciens entendent par
« une théorie, et se contente d'explications qui
« ne sont que des métaphores. »

Étant données les citations d'Helmholtz ci-
dessus, et toutes celles qui vont suivre, on en
arrive à se demander si Mʳ Bouasse a
bien réellement lu Helmholtz.

Mʳ Bouasse, page 82, note (2) au bas de la page :
« Helmholtz décrit (p. 417) un harmonium per-
« mettant d'émettre 15 accords majeurs et 15
« accords mineurs justes. Cet instrument, utile
« pour des recherches d'Acoustique, ne peut avoir
« aucun emploi musical. »

Accords mineurs justes ! comment, dans la théorie des physiciens, les accords mineurs peuvent-
ils être justes ?

Autrement dit les physiciens ne veulent envisager

la gamme que par les harmoniques d'une base sonore unique, et pour ce qui concerne les tierces seulement, cela ne peut pas s'appliquer à l'art musical; l'octave, la quinte et son renversement, la quarte, demeurant intangibles.

Chladni, cité par Mr Bouasse, page 45, dit:

« Il n'est pas conforme à la nature, dit-il « (Traité d'acoustique, p. 11), De vouloir dériver « toute l'harmonie des vibrations d'une corde « et surtout de la coexistence de quelques sons « avec le fondamental. Une corde n'est qu'une « espèce de corps sonore. Dans beaucoup d'autres « corps les lois générales des vibrations sont très- « différentes; par conséquent on ne peut pas « appliquer les lois d'un corps sonore particulier « à ce qui doit être commun à tous. Un mono- « corde ne peut donc pas servir pour établir les « principes de l'harmonie……»

Mr Bouasse ajoute: « En d'autres termes, il y « a des corps qui émettent des partiels non har- « moniques du fondamental; donc les harmoniques « n'ont pas en musique le rôle prédominant « que plusieurs leur attribuent. On peut faire

« à cette objection une réponse sans réplique : on
« n'utilise en musique, l'oreille ne considère comme
« vraiment musicaux, que les sons dont les partiels
« sont harmoniques du fondamental... etc.

Nous venons de voir assez longuement qu'il y a
des répliques ; en outre, nous prions le lecteur
d'observer les mots soulignés, ils constituent
une assertion absolument fausse, ce que
nous démontrerons.

L'intervalle le plus nécessaire à la constitution
de la gamme est l'octave. L'oreille n'accepte
que l'octave juste, s'il en était autrement
il serait impossible de répéter la même
gamme à des hauteurs différentes. Après vient
la quinte, et par suite la quarte, puisque,
quand on a déterminé une quinte, l'intervalle
restant pour rejoindre l'octave ne peut être
qu'une quarte. La quinte se subdivise en
deux tierces, l'une majeure et l'autre mineure,
et nous voici invinciblement ramenés à l'intervalle de tierce.

Au sujet des tierces, Helmholtz, page 244,
dernier S et suite page 245, s'exprime ainsi :

« Viennent ensuite, dans la série des consonnances,
« la tierce majeure et la tierce mineure. Cette
« dernière, dans le cas où le sixième son partiel
« est faiblement développé, comme dans les pianos
« modernes, n'est encore que très-imparfaitement
« délimitée, parce qu'en la faussant on ne
« produit que des battements à peine encore
« appréciables. La tierce mineure est exposée
« d'une manière encore appréciable à l'influ-
« ence du son fondamental, la tierce majeure
« à celle des coïncidences de la quarte ; en outre,
« par leurs coïncidences respectives, ces deux
« intervalles de tierce se nuisent réciproque-
« ment, ce qui fait que la tierce mineure est
« moins bonne que la tierce majeure. Aussi,
« pour la douceur de ces deux intervalles, est-
« il essentiel que le nombre des battements
« qui viennent en altérer la pureté soit considérable. »
Au sujet des battements, Helmholtz et M.
Bouasse ne paraissent pas d'accord, ce dernier,
page 92 (déjà cité), « ... les tierces tempérées
« sont fausses, que ... des tierces Pythagoriciennes !
« à quels battements l'introduction de cette

« gamme ne conduirait-elle pas ? »

Donc, selon M. Bouasse, pour que les tierces soient douces, il faut qu'elles donnent le moins de battements possible; Helmholtz prétend que pour arriver au même résultat il en faut beaucoup.

Helmholtz dit qu'en faussant la tierce mineure on ne produit que des battements à peine encore appréciables, et que les deux intervalles de tierce se nuisent réciproquement; en effet: la quinte juste étant irréductible, et ne pouvant se diviser qu'en deux tierces, ce qu'on ajoute à l'une on le retranche à l'autre.

Si les physiciens étaient logiques avec leur système, ce n'est pas de la note sensible qu'ils devraient dire qu'elle est mal déterminée, mais bien des tierces; la suite des nombres entiers le leur dit: en ne considérant que les rapports simples, c'est-à-dire d'un nombre à celui qui le suit immédiatement, du rapport $5:4$ au rapport $8:7$ inclusivement, les intervalles vont bien en se rapetissant progressivement. Helmholtz, page 292:

« Un point pourrait peut-être éveiller le doute
« dans l'esprit des musiciens. Nous avons trouvé
« que, des plus parfaites consonnances aux diver-
« ses dissonnances, il existe une série continue
« de degrés, d'assemblages de sons dont la
« dureté augmente progressivement, en sorte
« qu'il n'y aurait point de séparation nette-
« ment tranchée entre les consonnances et les
« dissonnances ; le point où nous avons incliné
« à placer la limite paraît assez arbitraire.
« Les musiciens, au contraire, séparent nette-
« ment les consonnances des dissonnances, et
« n'admettent point d'intermédiaire entre elles ;
« c'est même ce qu' Hauptmann présente com-
« me un obstacle fondamental à tout essai
« théorique sur la consonnance et la dissonnance,
« basé sur la considération des rapports numé-
« riques naturels. »

Pour les musiciens la raison est tout autre,
et réside dans le fait qu'une dissonnance a
toujours une tendance résolutive, ce qui, sauf
pour la sensible, n'existe pas pour les consonnances.
Il est impossible de détailler ces principes ici,

le présent ouvrage n'est pas un traité d'harmonie.

Les physiciens Cornu et Mercadier, dans un rapport « Sur les intervalles mélodiques et harmoniques » du 30 mai 1870, émettent l'idée qu'il existe une gamme mélodique et une gamme harmonique qui ne sont pas pareilles..! Dans un autre rapport des mêmes savants, du 17 juillet 1871 « Sur les intervalles musicaux », on trouve en tête:

« 1º Les intervalles musicaux n'appartiennent
« pas à un système unique, tel qu'on l'entend
« ordinairement, et qu'on désigne sous le nom
« de gamme.

« 2º L'oreille exige, dans la succession
« de sons formant ce que les musiciens nom-
« ment mélodie, des intervalles appartenant
« à une série de quintes, et composant la
« gamme dite de Pythagore. Elle exige au
« contraire, pour des sons simultanés formant
« des accords, base de l'harmonie, un autre sys-
« tème d'intervalles régis par la loi des nom-
« bres simples.

Ce rapport se termine par:

« *Les intervalles musicaux* employés dans une
« mélodie lente et sans modulations sensibles
« sont ceux de la gamme pythagoricienne dé-
« rivant de la série des quintes, et qui ne
« contient que deux sortes d'intervalles irré-
« ductibles: l'octave 2 et la quinte 3/2.
« Ce ne sont pas ceux de la gamme dite
« naturelle, qui contient trois sortes d'inter-
« valles irréductibles: l'octave 2, la quinte
« 3/2 et une tierce majeure 5 : 4 qui, d'après
« nous, n'est applicable qu'à l'harmonie.

Des mêmes — « Sur la mesure des intervalles
musicaux » 17 février 1373 —

« Conclusions: Les intervalles musicaux font
« partie d'au moins deux systèmes de valeurs
« différentes, savoir:
« 1° Les intervalles employés dans les mélodies
« sans modulations dont les valeurs concor-
« dent avec celles de la gamme dite pytha-
« goricienne: leur expression générale très-
« simple est $2^m \times 3^n$, m et n étant des
« nombres entiers quelconques positifs
« ou négatifs.

« 2º Les intervalles entre des sons simultanés,
« employés dans les accords, bases de l'harmonie.
« Les accords de deux sons les plus simples et les plus
« usités, 8ve, 5te, 4te, 3e majeure, 3e mineure, 6tes ma-
« jeures et mineures, 7e (déduite de l'accord de
« 7e de dominante) ont les valeurs suivantes:
« 2, 3/2, 4/3, 5/4, 6/5, 5/3, 8/5, 7/4.
« Ce sont des produits de puissances positives ou
« négatives de 2, 3, 5, et 7.

Les dires de M. M. Cornu et Mercadier valent
la peine d'être analysés. Nous y trouvons d'abord
deux gammes coexistantes, et, comme ils les défi-
nissent, ce sont bien nos deux systèmes, le
Pythagoricien et le naturel, sauf toutefois pour
7/4. C'est peut-être un moyen de réconcilier
les physiciens et les musiciens, mais cela ne va
pas sans inconvénient.

Dans un orchestre, chaque musicien, ne faisant
qu'une note à la fois, exécute une mélodie, et
la réunion de toutes ces mélodies forme une harmonie. De deux choses l'une: ou l'harmonie peut
être Pythagoricienne, et l'orchestre joue juste;
ou chaque musicien ne pouvant jouer que dans

le système Pythagoricien, l'ensemble ne peut être autrement que faux. A vous les orchestres!

Nous ne comprenons pas très-bien « les intervalles « employés dans une mélodie lente et sans modu- « lations sensibles ». On dit: <u>moduler un chant</u>, mais pourquoi une mélodie lente? en ce qui concerne les hauteurs comparatives des sons d'une gamme, l'art musical est le même pour les mé- lodies lentes et les mélodies rapides.

Helmholtz et ses disciples, pour apprécier les con- sonnances, s'arrêtent au terme 6 de la progression; Cornu et Mercadier poussent le « naturel » jus- qu'au terme 7, (7: 4 du petit tableau ci-dessus); cela implique le rapport 7:6, moins qu'une tierce mineure Pythagoricienne, et aussi le rapport 9: 7, plus qu'une tierce majeure Pythagoricienne, à cause de l'accord de neuvième majeure que nous avons envisagé ci-dessus. 7: 6 et 9: 7 étant des tierces, qu'est-ce, enfin, qu'une tierce consonnante?

Helmholtz, page 257:

« Il s'ensuit, par conséquent, qu'on peut, avec « deux sons simples, former des intervalles voisins

« de la tierce et aussi harmonieux qu'elle, pourvu
« qu'ils ne soient pas trop rapprochés de la seconde
« d'une part, et de la quarte d'autre part ; mes
« expériences sur les tuyaux bouchés de l'orgue
« me permettent d'avancer, en dépit des dogmes
« musicaux, que cette déduction est parfaitement
« d'accord avec la réalité, pourvu qu'on fasse
« l'expérience avec des sons réellement simples.
« Il en est de même des intervalles voisins de la
« sixte majeure, qui ne présentent avec elle aucune
« différence, au point de vue de la douceur de l'har-
« monie, tant qu'ils restent assez loin de la quinte
« et de l'octave. »

En dépit des dogmes musicaux ! dit Helmholtz,
mais, il aurait pu ajouter « en dépit des dogmes
de la science physique. »

Puisque les physiciens ne sont en réalité pas surs
de la véracité des « dogmes » qu'ils expriment,
pourquoi font-ils violence au sentiment musical,
au sens artistique, aux opinions esthétiques et
aux théories métaphysiques ?

Cette discussion sur la consonance des tierces
pourrait encore être étendue, notamment en ce

qui concerne les rapports composés. Nous croyons en avoir assez dit pour démontrer que les physiciens se noient dans leurs propres systèmes.

Il est temps d'arriver à une conclusion, au moins de principe. Mais auparavant une dernière considération s'impose.

Les notes ayant une tendance résolutive embarrassent les physiciens. En mode majeur, ce sont, la sensible et la sous-dominante, si fa, en ut, et ces deux notes sont à intervalle de un 1/2 ton de leurs résolutions: si a une tendance à monter à l'ut, et fa, à descendre au mi, mais à une condition, c'est que ces deux notes soient employées simultanèment. Si elles sont employées séparèment, la sous-dominante est libre, la sensible n'a une tendance à monter que lorsqu'elle fait partie de l'accord de dominante.

Les mêmes tendances existent en mode mineur, et dans les mêmes conditions, avec les différences suivantes: la sous-dominante a une tendance à descendre sur la médiante qui est à intervalle de un ton; la tendance de la sensible, à monter, est plus impérieuse en mode mineur qu'en mode

majeur. L'explication de cette dernière considération nous entraînerait dans le domaine de
l'harmonie et n'a rien à faire ici.

Les physiciens disent que les notes à tendance
résolutive doivent se rapprocher le plus possible
de leurs résolutions; ceci nécessite une mise au point.
D'abord cela n'implique pas que l'ordre des notes
de la gamme en soit affecté.

Dans un de leurs rapports Cornu et Mercadier
s'expriment ainsi:

« Toutefois l'intervalle de septième est supérieur
« de 5/6 de comma environ à la valeur pythago-
« ricienne. Ce résultat est à remarquer, parcequ'
« il paraît mettre en évidence un fait bien connu
« des musiciens, à savoir que, dans le cas où la
« sensible se résout sur la tonique, elle est nota-
« blement plus élevée que dans le mouvement
« inverse. »

Ceci n'est pas exact: dans l'ordre diatonique
il n'y a pas d'intervalle plus petit que le 1/2
ton Pythagoricien, qui est lui-même plus petit
que le 1/2 ton majeur des physiciens; le fait bien
connu des musiciens » est ce que nous avons qualifié

de « glissade », et n'intéresse pas l'ordre réel de la gamme. (Les musiciens, pour qualifier cette manière de jouer, ont une expression assez pittoresque, ils appellent cela « savonner »; au point de vue du style, c'est déplorable.) Ensuite nous venons de voir que, dans le mode mineur, la sous-dominante se résout sur la médiante à intervalle d'un ton.

L'explication est tout autre. Mr Bouasse, page 22, 25 : « Là dessus les musiciens déclarent éner-« giquement que, guidés par leur sens artistique, « les dièses sont plus hauts que les bémols. »

Si nous envisageons la gamme Pythagoricienne, nous constatons d'abord que le 1/2 ton diatonique 256/243 est plus petit que le 1/2 ton majeur des physiciens 16/15. Par conséquent, dans le système Pythagoricien, la sensible est plus près de la tonique. En outre, en majeur, les 1/2 tons diatoniques étant égaux, la sous-dominante est aussi rapprochée de sa résolution.

Si nous envisageons maintenant les dièses et les bémols nous constatons que, dans les dièses successifs, le dernier est toujours la sensible du ton; pareil fait se produit pour les bécarres annulant des bémols, le dernier bécarre est toujours la sensible du ton. Pour les bémols, le dernier, dans l'ordre, est toujours la sous-dominante du ton; pareil fait se produit pour les bécarres annulant des dièses.

Exemple servant à la fois pour les tendances résolutives et pour la comparaison entre les dièses et les bémols :

Nous supposons que, dans un morceau de musique en sol majeur, nous voulions moduler en re majeur, nous ne pouvons le faire que par l'intermédiaire du do#, dernier dièse et sensible, qui a une tendance à monter sur la nouvelle tonique, re.

Un autre morceau de musique en mi♭ majeur, avec trois bémols à la clef, dans lequel nous voulions moduler en la♭ majeur, nous ne pouvons le faire que par l'intermédiaire du re♭, dernier bémol et sous-dominante, qui a une tendance à descendre sur la médiante de la nouvelle tonalité, le do.

Donc, en vertu des tendances résolutives, le do# se rapproche du re, et le re♭, du do, et ce, sans que l'ordre des notes de la gamme Pythagoricienne en soit troublé. Par conséquent les dièses sont plus hauts que les bémols.

Quand on dit, qu'en vertu des tendances résolutives, les dièses sont plus hauts que le bémols, on ne raisonne que par comparaison; nous avons vu plus haut que le bécarre est un dièse par rapport au bémol, et un bémol par rapport au dièse; de même le simple dièse est un bémol par rapport au double dièse, et le simple bémol, un dièse par rapport au double bémol, les uns et les autres déterminent ou la sensible, ou la sous-dominante; et en fin de compte, toutes ces considérations convergent autour de la conception de la tierce majeure qui, seule, résout la question: Cette tierce est-elle du système Pythagoricien? elle rapproche alors la sensible de la tonique; Est-elle du sytème des physiciens? elle l'en éloigne.

Mʳ Bouasse, page 9³, s'exprime ainsi:

« La vérité, c'est que les musiciens ne se rendent
« pas un compte bien exact de ce qu'ils disent.
« Au fond ils veulent que, non pas tous les dièses,
« mais certain dièse soit plus haut qu'il ne l'est
« d'après la gamme de Zarlin, ce dièse étant

« précisément la sensible. Malheureusement il
« est impossible de concilier leurs désirs avec les
« nécessités de construction des instruments à
« sons fixes. »

Nous démontrerons plus loin que, sauf le piano
et l'orgue, aucun instrument n'est à sons fixes.
Les musiciens emploient, d'instinct et tous, la
gamme de Pythagore, ce que Cornu et Mercadier
avaient très bien vu, et dans cette gamme tous
les dièses sont plus hauts que les bémols, et non
pas « certains ».

Quand Monteverde employa pour la première
fois l'accord de septième de dominante, avec 7ᵉ
sans préparation, qui met précisément en présence les deux notes à tendance résolutive, il
fixa la tonalité moderne, ce pour quoi il fut
copieusement insulté par les puristes de son époque.

Concluons. Nous avons vu

1° Que la suite des nombres entiers ne peut,
exclusivement, servir de base à un système quelconque de genèse de la gamme, puisque cette
suite contient tous les systèmes.

2° Que la consonance d'octave est complètement

irréductible, et les consonnances de quinte et de quarte, à très-peu près, irréductibles.

3° Que les consonnances de tierces, qui ne prennent naissance qu'après le rapport 4:3, ne peuvent être fixées par la suite immédiate des rapports mathématiques, quoique des nombres puissent les exprimer.

4° Que les physiciens invoquent comme «naturels» les rapports les plus simples jusque 6:5 (et même 7:4), et ce, parce que ces rapports sont simples, alors qu'en réalité les rapports les plus simples sont ceux de 1 à 2, et de 2 à 3; le rapport de 1 à 2 ne fournissant rien de nouveau puisqu'il donne l'octave, le rapport de 2 à 3 pouvant fournir la gamme complète, ce qui est bien le plus simple.

5° Que le système des physiciens conduit à la suppression de deux accords par suite de la présence d'une quinte fausse dans la gamme, la quinte étant un intervalle irréductible; et conduit aussi à une tierce mineure qu'ils réprouvent d'autre part.

6° Que l'accord parfait mineur, qui pourtant

existe, est la négation même de leur système.

7° Que, tout en reconnaissant à certaines notes de la gamme des tendances résolutives, et la nécessité de rapprocher ces notes de leurs résolutions, leur système aboutit précisément à les en éloigner. Le système des physiciens ne peut servir de mesure à l'art musical moderne.

Et tout ceci provient de l'esprit de thèse, de système, qui porte à mettre en valeur les arguments favorables à la thèse, et à négliger, (ou à ignorer) les autres arguments contraires, sans tenir compte des contradictions.

L'art musical a des besoins, une essence particulière qu'on peut qualifier de mystique si l'on veut. Ces besoins se traduisent, ne peuvent s'exprimer que par un état de choses, des faits ----- qui ont tort. «Ne mélangeons pas les «genres» dit Mr. Bouasse.

Voulant à tous prix bâtir un système sur une base sonore unique, c'est-à-dire la gamme d'ut sur la fondamentale ut, au moyen des harmoniques, ni l'accord 4, 5, 6, 7 qui, théoriquement appartient à la gamme de fa, a pour base ut, nombre 1, et résonne bien, mais dont le terme 7 ne peut appartenir ni à la gamme d'ut ni à la gamme de fa; ni l'incertitude sur la qualité consonnante des intervalles de tierce; ni l'absence de quinte sur le 2ᵉ degré de la gamme; ni la contradiction que leur révèle l'accord parfait mineur, n'ont pu faire réfléchir les physiciens. Examinons les battements.

Chapitre V

Des battements, du timbre et des expériences

De nos jours, la médecine est arrivée à des résultats magnifiques dans le traitement des maladies microbiennes; mais, au commencement de leurs recherches éminemment louables, les médecins voyaient des microbes partout; les aliments que nous absorbons en étaient tellement infectés qu'il ne nous restait qu'un seul moyen de ne pas mourir par les infiniments petits, — ne pas manger du tout.

Au sujet des battements, les physiciens nous offrent une chose analogue; qu'on en juge; Helmholtz, p. 240

« Nous avons vu dans le précédent chapitre que pour
« certains timbres où les harmoniques supérieurs sont
« très-développés, il peut se produire, même dans un
« seul son, des dissonances dont la dureté est
« appréciable à l'oreille. »

Pour un peu, en supposant que les amateurs de
musique ne veuillent admettre que des consonnances,
la seule musique suave possible serait..... le
silence complet; ce qui simplifierait beaucoup les
recherches en Acoustique.

Le timbre est produit par la présence d'harmoniques. Nous n'entendons pas dire par là que l'
oreille soit obligée d'accepter un timbre qu'elle déclare mauvais, mais si ce timbre l'intéresse, quel
qu'il soit, cela suffit.

Est-ce à dire que les recherches des physiciens
soient nulles ? loin de là ! mais il nous semble
que les déductions auxquelles ils aboutissent sont
considérablement exagérées.

Il est absolument exact que les harmoniques d'une
base sonore donnée sont entre eux comme les termes
d'une progression arithmétique simple, la suite des
nombres entiers; la preuve la plus convaincante

nous est fournie par la suite des sons que peut émettre un tube comme le cor, mais cette suite de sons nous dit également que tous ses termes ne peuvent être employés dans la composition d'une gamme.

Par tempérament, les hommes de science sont portés à attribuer aux lois qu'ils constatent, et qu'ils expriment mathématiquement, une rigueur que les faits démentent quelquefois; exemple: Helmholtz, page 132. « Dans l'emploi des ins-« truments de cuivre, la forme et la tension vari-« able des lèvres de l'instrumentiste n'entrent en « considération que parce qu'elles déterminent le « son propre du tube qui doit résonner, sans agir « en rien sur la hauteur de chacun des sons propres.) Ceci, absolument exact pour une corde divisée par la progression arithmétique, est radicalement faux pour les instruments de cuivre. Il n'est pas un élève de cornet à pistons d'une fanfare de village qui ne sache qu'on peut influer sur la hauteur des sons par la pression des lèvres; il ne sait pas que ces sons sont entre eux, en nombres de vibrations, comme la suite des nombres entiers, il est même possible qu'il ignore l'existence d'une science qu'on nomme l'Acoustique, mais il sait fort bien qu'il peut faire monter une note en pressant les lèvres, ou la faire descendre en les relâchant, et ce, sans passer d'un terme à l'autre. Les artistes jouant d'un instrument de cuivre donnent fort bien la tierce majeure Pythagoricienne avec le terme 5 de la progression. Ceci est constant pour tous les instruments à vent, sans exception sauf l'orgue. Les physiciens disent, et croient, que la flûte, le hautbois, la clarinette, le basson, etc... sont à tempérament, c'est inexact. Une longue expérience nous permet d'être nettement affirmatif sur ce point.

Démonstration inverse: un véritable artiste sur le cor joue juste; on donne son instrument à un élève, qui joue faux, par conséquent ne donne pas les mêmes notes exactement, c'est pourtant le même instrument. Helmholtz avait pourtant remarqué qu'un résonateur entre en vibrations avec un son légèrement différent de celui qu'il représente exactement, quoique avec une intensité moindre. Examinons les battements produits par les harmoniques et les sons résultants.

En établissant que le timbre résulte d'harmoniques dans un son donné, les physiciens ont élevé un véritable monument scientifique, c'est une lumineuse vérité, et il faut bien insister: les harmoniques ne sont et ne peuvent être que des vibrations rigoureusement commandées par la suite des nombres entiers, et ce, parce que les partiels d'un son ne peuvent être soumis à d'autres lois que celles de la Nature, (ici la pression des lèvres d'un exécutant n'intervient pas); aucune esthétique, aucun besoin à côté ne peut intervenir, et ceci nous met en présence des expériences des physiciens.

Pour reconnaître la présence des harmoniques, Helmholtz insiste à plusieurs reprises sur la nécessité d'une sorte d'entraînement du sens de l'ouïe, ce qui ne suffit même pas encore puisque les physiciens sont obligés de s'aider de résonnateurs, d'instruments divers destinés à amplifier ces harmoniques et à les mesurer au point de vue de leur intensité. Il ne pourrait, du reste, en être autrement pour établir le principe, et en tirer, au point de vue du timbre, toutes les conséquences légitimes.

Les battements que produisent les harmoniques sont

également du domaine de la vérité, mais de ce que les physiciens les ont expérimentés avec des moyens artificiels, il ne s'ensuit pas que, dans la réalité, ils aient une importance aussi grande que celle qui leur est attribuée.

En réunissant un orchestre et des chœurs, les harmoniques aiguës sont surtout développées par les instruments à cordes, les hautbois, les trompettes, les trombones et les voix aiguës, du reste les harmoniques de tous les genres possibles sont développés un peu partout; en suivant les déductions des physiciens, il devrait se produire un nombre de battements tel que l'ensemble deviendrait un abominable chaos; est-il nécessaire d'ajouter qu'il n'en est pas ainsi?

Emportés par leurs déductions, et influencés par les moyens artificiels dont ils se servent, les physiciens n'ont pas attribué au son fondamental, de quelque timbre qu'il soit, l'importance immensément prépondérante qu'ont, en réalité, les sons premiers, et par son premier nous entendons un son de cor, par exemple, pris à un degré quelconque de l'échelle, même si ce son est un 2, 3, 4, 5, etc... une de leurs expériences le démontre bien.

Les grandes orgues contiennent une catégorie de jeux nommés nazard, cornet, fournitures, qui ont été imaginés par les physiciens. Ces jeux sont composés d'un tuyau de flûte qui donne le son fondamental, auquel sont adjoints 2, 3, 4, jusqu'à 5 autres tuyaux de flûte (6 en tout) qui donnent exactement les sons compris dans la série des harmoniques du son fondamental.

Supposons un jeu de fournitures où chaque note est composée de 6 tuyaux (6 rangs); le tuyau fondamental est « harmonisé » (c'est l'expression dont se servent les facteurs d'orgues) de manière à donner un son beaucoup plus fort que les cinq autres tuyaux; à partir du tuyau 2, et en diminuant progressivement selon la proportion calculée au moyen de l'observation des harmoniques, les tuyaux ne donnent plus que des sons faibles, le dernier étant d'une faiblesse extrême. Si l'on fait vibrer séparément chaque tuyau, qui est une flûte, on obtient un son doux. Si on les réunit comme dans les grandes orgues, on obtient une sonorité comparable à celle de la trompette.

Au sujet des jeux de fournitures de l'orgue, Helmholtz, page 127, 2e §, qualifie « d'affreux gâchis » un morceau joué avec ces jeux seulement, et attribue ce gâchis à l'accord à tempérament … examinons:

Dans le piano, qui, comme l'orgue, est accordé à tempérament, les notes donnent des harmoniques; on peut ne pas aimer l'accord à tempérament, mais, qualifier un morceau de piano « d'affreux gachis » serait une exagération manifeste. M⁻ Bouasse, page 88:

« J'insiste sur ces questions, parce qu'il est profon-
« dément irritant d'entendre si souvent des gens qui
« confondraient la quinte et l'octave, déclarer faux,
« archi-faux, un instrument comme le piano, accordé
« suivant un système que Bach ne réprouvait pas. »

En outre, quel que soit le soin avec lequel on « har-
monise » les tuyaux donnant les harmoniques du son fondamental, on n'a pu faire, du moins jusqu'à maintenant, que ces harmoniques ne soient des sons premiers; on obtient un timbre, c'est entendu, mais la synthèse complète du son fondamental n'est pas obtenue. Au point de vue de l'homogénéité du son, il y a loin d'une note de jeu de fourniture à la même note donnée par une trompette.

Avec un jeu de fournitures de l'orgue, chaque note donne en réalité un accord parfait majeur du système des physiciens; et si nous envisageons l'accord de septième de dominante sol, si, re, fa, nous obtenons pour le sol: sol, si, re; pour le si: si, re#, fa#; pour le re: re, fa#, la; pour le fa: fa, la, do; au total: sol, la, si, do, re, re#, fa, fa#, et comme tous les accords sont dans un cas analogue, c'est bien, en effet, un affreux gâchis.

Si, au lieu de jouer un morceau sur un jeu de fournitures, on exécutait le même morceau écrit pour un ensemble de trompettes et de trombones, on obtiendrait une exécution parfaitement claire, et non pas un gâchis; et pourtant la trompette et le trombone donnent des sons au moins aussi éclatants qu'un jeu de fournitures, et qui, par conséquent, contiennent des harmoniques aussi intenses.

Nous n'entendons pas reprocher aux physiciens de n'avoir pas réalisé la synthèse du son; il est déjà fort beau d'avoir démontré victorieusement que le timbre dépend de la présence et de l'intensité des harmoniques, mais ce qui précède n'en démontre pas moins que les physiciens attribuent à la présence d'harmoniques dans un son premier, et au détriment de ce son, un rôle qui n'est pas conforme à la réalité.

Au sujet de la synthèse du son, il se passe dans l'oreille un phénomène analogue à celui que produit la lumière dans l'œil: la lumière blanche peut se décomposer en 7 couleurs, la réunion de ces 7 couleurs n'en forme pas moins une seule, plus éclatante que l'un quelconque de ses éléments, et les effaçant complètement. L'oreille n'est nullement affligée d'infirmité parce qu'elle ne perçoit pas le détail des harmoniques dans un timbre. Le timbre est un tout. Si, au lieu de percevoir la synthèse du son, l'oreille percevait séparément tous les sons simples, quels qu'ils soient, il n'y aurait pas de timbre.

Le gâchis que produit un jeu de fournitures employé seul, quoique produisant un timbre, démontre que la synthèse du son n'est pas complète, et si les tuyaux d'harmoniques donnent bien des sons exactement pareils aux harmoniques mesurés par les physiciens, la mesure de ces derniers est exagérée, puisque les sons premiers restent, quoique faibles.

Il y a lieu de considérer qu'un instrument à vent comme le cor, qui donne des sons que comportent les harmoniques d'une de ses bases, donne des sons premiers, quoique ces sons soient toujours dans les rapports 1, 2,

3, 4, 5, etc... l'expérience suivante le prouve:

En réunissant quatre cors, et en leur faisant donner l'accord do, mi, sol, si b, 4, 5, 6, 7, et ce avec la même force pour chaque note, si ces sons pouvaient donner un timbre, comme les harmoniques, l'ensemble devrait aboutir à un timbre éclatant comme celui de la trompette; il n'en est pas ainsi, on n'obtient qu'un timbre de cor.

En comparant cette dernière expérience, négative, avec un jeu de fournitures de l'orgue, on est bien obligé de conclure qu'en arrivant au point où le son est synthétisé en son premier, ce dernier a absorbé tous ses harmoniques; ce qui, du reste, ne démontre pas du tout que le timbre n'en soit pas composé, mais démontre, en revanche, l'immense prépondérance du son premier.

Si nous prenons pour exemple une corde vibrante, nous obtenons la forme vibratoire suivante:

Le son, étant timbré, contient des harmoniques qui ne peuvent être produits que par la corde elle-même; par conséquent, il semble logique que la vibration se décompose comme suit:

nous ne présentons que l'harmonique 5, il est impossible de présenter tous les harmoniques dans une figure de ce genre. Toute la longueur figure le son premier; la corde se divise pour produire les harmoniques. Mais, l'amplitude des harmoniques est minime, comparée à l'amplitude du son premier. Cette figure nous semble exprimer assez bien le rapport du son premier aux harmoniques déterminant le timbre, et même le phénomène d'absorption des harmoniques par le son premier.

Un phénomène analogue doit se produire dans une colonne d'air mise en vibration.

Pour ce qui est d'entendre les harmoniques et au sujet de l'entraînement de l'ouïe dont parle Helmholtz, il est évidemment possible d'hypertrophier un sens par une culture appropriée, mais toute oreille qui parviendra à un grand résultat dans cet ordre d'idées, verra l'art musical se fermer pour elle; et encore une fois ceci ne correspond pas à la réalité, et les battements produits par les harmoniques n'ont pas l'importance que leur attribuent les physiciens.

Tout autre est la question des battements produits par le rapprochement des sons premiers, des accords. — Nous laissons de côté les battements résultant de sons faux, erreur ne fait pas compte — ici nous sommes en présence d'un effet qu'on pourrait qualifier de « mécanique » si l'on peut s'exprimer ainsi, les battements sont forts, et d'autant plus que les notes sont plus graves et plus rapprochées.

Les intervalles les plus durs sont : le 1/2 ton chromatique, la 2de mineure, la 7e majeure, l'8^{ve} diminuée et la 9e mineure, et qui sont d'autant plus durs que les notes qui les composent sont plus graves.

Ceci nous amène à constater que la suite des nombres entiers donne une sorte de modèle général du groupement des notes dans les accords : au grave les notes sont espacées, à l'aigu, elles sont rapprochées, ce qui correspond bien à la bonne sonorité des accords. Quand on y contrevient, en groupant les notes au grave on obtient une sonorité pesante, voire même confuse, selon la gravité ; quand on espace les notes à l'aigu on obtient un effet vague, sans cohésion. Les musiciens emploient fort bien ces moyens pour exprimer des sentiments concordants, mais nous entrons ici dans le domaine de l'Esthétique, arrêtons-nous!

Les physiciens disent, d'une part, que le mauvais effet produit par les dissonnances ... si tant est qu'une dissonnance produise un mauvais effet — provient du nombre de battements; et d'autre part, ils disent que l'effet produit par un nombre de battements déterminé est fort différent selon l'intervalle considéré; étant donné deux notes simultanées produisant des battements produisant des battements, si l'on transporte ces deux notes à l'8ᵉ supérieure, ce qui donne un nombre de battements double, ils disent que l'effet est meilleur, ou moins mauvais; exemples: la 5ᵗᵉ ut¹ sol¹; la 4ᵗᵉ sol¹ ut²; la 3ᶜᵉ majeure ut² mi²; la 3ᶜᵉ mineure mi² sol²; le ton ut³ re³; le 1/2 ton si³ ut⁴, donnent 32 battements par seconde (Bouasse, p. 38) et si⁴ et⁵ 64 battements.

Il est à remarquer qu'au point de vue des différences effet produit, les physiciens ont complètement raison. Ils ont, du reste, puisé leurs convictions dans des expériences musicales; par conséquent le nombre des battements n'est pas le seul facteur intervenant dans la dureté d'un intervalle; il intervient en effet des considérations d'un tout autre genre.

Dans un fragment d'une symphonie de ma composition se trouve le passage suivant, dont l'orchestration comporte une trompette, un trombone, deux hautbois, deux cors et deux clarinettes; abstraction faite du dessin des instruments à cordes, voici ce passage réduit sur deux portées:

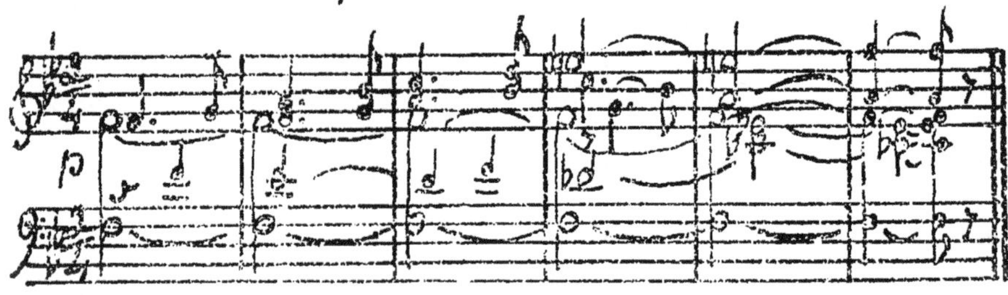

A la 5ᵉ mesure, et pendant la durée d'une mesure à $\frac{3}{4}$ en mouvement d'allegro moderato, se trouve une agrégation de sons qui se compose des intervalles suivants: une 2ᵈᵉ majeure mi♭ fa; une 4ᵗᵉ augmentée mi♭ la; une 5ᵗᵉ diminuée fa dob; une 6ᵗᵉ augmentée dob la; une 7ᵉ majeure fa mi♮; une 8ᵛᵉ augmentée mi♭ mi♮; une 10ᵉ augmentée; soit sept intervalles dissonnants formés avec cinq notes; si les accords dissonnants sont durs, celui-là devrait l'être — « A quels battements…! » J'affirme que cet accord n'est pas dur, à la condition expresse qu'on exécute la phrase toute entière telle qu'elle est écrite; il me serait facile d'expliquer le pourquoi, mais ce serait trop long.

Nous émettons l'hypothèse suivante: en considérant les partiels d'un son, si nous prenons comme bases de nombre 1 tous les degrés de la gamme 1; l'octave 2 nous donne tous les termes 2 et 3; l'octave 3, tous les termes 4, 5, 6, 7; l'octave 4, tous les termes 8, 9, 10, 11, 12, 13, 14, 15; etc...

Il est un peu étrange que les physiciens n'aient pas cherché dans leur système l'explication du fait qu'au fur et à mesure qu'on monte dans l'échelle des sons musicaux les petits intervalles deviennent de plus en plus doux, quoique, d'une octave à l'autre, le nombre des battements s'accroît en raison des puissances du nombre 2. Il nous semble que la logique aurait dû leur inspirer cette déduction, puisqu'ils prétendent que la gamme doit avoir une base qu'ils qualifient de « naturelle »; en suivant leurs raisonnements, dans l'octave 4 d'un son fondamental, l'intervalle de 2ᵈᵉ majeure — et même moins — ne devrait pas être une dissonance puisqu'il fait partie des partiels de sa base; ou bien alors il faut admettre que la « nature » n'est pas aussi opposé aux dissonances que les physiciens le prétendent.

Il importe maintenant de définir, autant que possible, ce qu'on entend par une note à tendance résolutive.

De deux notes formant dissonance, une seulement est la dissonance proprement dite, l'autre, qui est le plus souvent la fondamentale de l'accord dissonant, n'a pas, à proprement parler, de tendance résolutive, et est plus ou moins libre dans son mouvement : la dissonance est attirée vers le degré immédiatement inférieur ; on dirait que dans le choc de ces deux notes, qui battent plus ou moins fortement, la fondamentale attire (ou repousse si l'intervalle est renversé) la dissonance sur un intervalle d'une sonorité plus calme. Il va sans dire que cette définition a de nombreuses exceptions notamment pour les dissonances à tendance résolutive sur le degré supérieur ; nous avons déja vu que pour la quinte diminuée, si fa, en ut, la tendance résolutive est double, et ce n'est pas le seul cas de ce genre. Entrons dans quelques détails. Pour expliquer convenablement le rôle et la nature des dissonances, il faut les scinder en deux groupes : les dissonances à tendance vers le degré inférieur, les dissonances à tendance vers le degré supérieur. Les premières sont, le plus souvent, les dissonances proprement dites résultant de la formation des accords par tierces successives: ce sont les septièmes et leurs renversements, les secondes. Dans la 7ᵉ c'est la note supérieure qui est la dissonance, et elle est attirée vers la sixte qui est une consonnance; dans la 2ᵈᵉ, c'est la note inférieure, qui est repoussée vers le degré inférieur formant tierce avec la fondamentale.

Dans la 9ᵉ la tendance attractive descendante est exercée par deux notes: la fondamentale qui attire la 9ᵉ sur l'8ᵛᵉ, et la tierce qui attire la 9ᵉ sur la 6ᵗᵉ, c'est-à-dire sur la même note; aussi la tendance résolutive de la 9ᵉ est-elle plus accentuée que celle de la 7ᵉ. On peut encore ranger dans ce groupe la 3ᶜᵉ diminuée, la 4ᵉ diminuée, la 6ᵗᵉ diminuée, l'8ᵛᵉ diminuée, qui sont attirées vers le degré inférieur, mais ce ne sont pas des intervalles constitutifs des accords.

Les dissonances à tendance vers le degré supérieur sont: le 1/2 ton chromatique, la 2ᵈᵉ augmentée, la 3ᶜᵉ augmentée, la 4ᵗᵉ augmentée, la 5ᵗᵉ augmentée, la 6ᵗᵉ augmentée, l'8ᵛᵉ augmentée; ici c'est presque toujours la note supérieure qui est la dissonance, et sa tendance à monter est plus accusée que celle de la sensible. Ces dissonances sont étrangères à la constitution ordinaire des accords, sauf la 2ᵈᵉ augmentée et la 4ᵉ augmentée.

Le lecteur pourrait croire qu'en nous livrant à ces digressions sur les battements et les notes à tendance résolutive, nous oublions l'objet prin̄cipal du présent ouvrage : la genèse de la gam̄me il n'en est rien.

En thèse générale, la tendance résolutive des dis̄sonances peut se ramener à deux types : le type sous-dominante, à tendance vers le degré inférieur le type sensible, à tendance vers le degré supérieur. Nous avons vu plus haut que la sous-dominante et la sensible employées simultanément donnent lieu à une double tendance résolutive, et que ces tendances se présentent comme un besoin qui o-blige ces dissonances à se rapprocher de leurs ré-solutions ; pareil fait a lieu pour toutes les dis-sonances à résolution par 1/2 ton, avec la différence que ces tendances résolutives sont bien plus accusées que pour la sous-dominante et la sensible, et nous retrouvons ici une justification de l'affirmation des musiciens : que le dièse est plus haut que le bémol, et que la tierce majeure 81 : 64 est bien celle qui sert de mesure dans l'art musical moderne.

Jusqu'ici nous n'avons parlé qu'incidemment de l'accord à tempérament, qui n'est qu'une utilité; nous allons pourtant nous en servir pour prouver que les tendances résolutives sont fonctions de la tonalité, même avec l'accord tempéré qui, pourtant, les contrarie. Dans cet accord les dièses et les bémols sont représentés par les mêmes notes: une note sert à la fois de do♯ et de ré♭, et la gamme est partagée en douze 1/2 tons égaux.

Si l'on s'en tient rigoureusement aux tendances résolutives, le 1/2 tons ne peuvent pas être égaux: do♯ tendant au ré doit être plus haut que ré♭ tendant au do, mais, la force du sentiment tonal est telle que ces tendances ne peuvent être annulées par l'accord à tempérament.

Exemple: soit les deux agrégations, do mi sol♯, et do mi la♭; la première, quoique formée de notes constitutives du ton de la mineur, est rarement employée dans ce ton, on la rencontre beaucoup plus souvent en fa majeur (nous choisissons ce ton de préférence); la seconde est formée de notes constitutives du ton de fa mineur; comparativement, entre les deux tonalités mineures, les deux agrégations sont correspondantes,

mais nous supposons la seconde employée dans sa tonalité réelle, nous sommes donc en présence de fa majeur, d'une part, et de fa mineur d'autre part

Nous supposons les deux modes établis par les accords
précédents; dans l'exemple 1 le sol♯ a une tendance
à monter au la; dans l'exemple 2 le la♭ a une
tendance à descendre au sol. Dans l'accord à tempérament les deux agrégations do mi sol♯ et do mi
la♭ ont une résonance identique, mais la force
tonale établie est telle que l'oreille ne prend pas
le change, et ces tendances seraient encore plus ac-
centuées si le sol♯ se rapprochait du la, et le la♭
du sol, ce qui serait bien en conformité avec le
sentiment musical.

Quand on dit qu'une note à tendance résolutive
doit être rapprochée de sa note de résolution, on n'
entend pas du tout par là que l'ordre des notes de
la gamme en soit troublé; et, à ce sujet, il circule
des idées fausses non seulement parmi les physiciens,
mais même parmi les musiciens; les personnes qui
consultent un traité d'harmonie, c'est-à-dire un

ouvrage qui ne peut être compris complètement qu'après de longues études, se livrent à des commentaires qui paraissent logiques et qui ne le sont pas.

Nous avons déjà dit qu'il n'existe qu'un moyen de jouer faux, qui est de ne pas faire les degrés de la gamme à leur hauteur réelle ; considérons un accord dissonnant, c'est-à-dire contenant une note à tendance résolutive, comme l'accord do mi sol si, en ut ; la 7ᵉ, do si, est majeure, c'est en quelque sorte la dissonnance la plus dure qui soit ; la dissonnance si est attirée vers le la, dira-t-on que le si doit être plus bas que la gamme le comporte parce que cette note est attirée ? s'il en était ainsi, cet accord, qui se compose d'une 3ᵉ majeure, do mi ; une 5ᵗᵉ juste, do sol ; une 7ᵉ majeure, do si ; une 5ᵗᵉ juste, mi si ; une 3ᶜᵉ majeure, sol si ; le si étant baissé, la 5ᵗᵉ mi si et la 3ᶜ sol si deviendraient fausses, ce qui revient à dire que le déplacement d'une note fausse l'accord tout entier ; et alors, les accords dissonnants jouiraient de la singulière propriété de pouvoir être joués faux ? c'est une absurdité.

Considérons un autre accord, celui de 7ᵉ de

dominante du ton d'ut avec altération descendante de la quinte: sol si reb fa; faisons abstraction de la 7ᵉ, fa, pour ne considérer que la
6ᵗᵉ augmentée, reb si naturel: le reb tend vers
le do, et le si, vers le do également, à l'octave;
ces deux tendances sont fortement accusées, et
nous sommes ici en présence de deux notes dont
la résolution a lieu par demi-ton diatonique;
est-il nécessaire de rapprocher ces deux notes de
leurs résolutions? oui, et le système de Pythagore y pourvoit automatiquement; si l'on
étend encore l'intervalle de 6ᵗᵉ augmentée, l'
accord n'existe plus, et n'est plus qu'un as-
semblage de sons absolument incohérent: quelle
que soit la fonction qu'une note remplit dans
un accord, cette note ne peut être autre que
le degré de la gamme qu'elle représente, ou
l'altération de ce degré conforme à la genèse
de la gamme par quintes successives qui, précisément, rapproche les notes à tendance de leurs
résolutions.

Dira-t-on qu'il s'agit d'un sentiment, et que
la science ne peut entrer dans des considérations

de ce genre; nous n'hésitons pas à dire qu'il
est fâcheux que la science, qui prétend expliquer
ces questions, ne puisse pas donner de solution.
Revenons donc à la 3ᵉ majeure autour de laquelle
gravite la genèse de la gamme.
M. Bouasse, p. 45, (déjà cité): « on n'utilise en
« musique, l'oreille ne considère comme vraiment
« musicaux, que les sons dont les partiels sont
« harmoniques du son fondamental. »
Cornu et Mercadier, 30 mai 1870, p. 3.
« Ou bien l'oreille est susceptible d'être faussée,
« et il n'y a pas à discuter sur les intervalles
« musicaux, à moins de posséder une de ces
« organisations exceptionnelles dont parle notre
« contradicteur; mais à quel caractère reconnaîtra-
« t-on qu'on la possède ? ou bien l'oreille con-
« serve sa sensibilité et sa justesse malgré les
« impressions accidentelles des instruments tem-
« pérés, et dans ce cas l'affirmation ci-dessus
« est sans valeur. »
Du même rapport, dernier §.
« En définitive, M. Guéroult se trompe en dis-
« cutant nos chiffres, ne conteste aucune de nos

« expériences, n'en apporte aucune à l'appui de
« sa thèse, et cependant il n'hésite pas à considérer
« comme acquis ou démontré, que nos conclusions sont
« erronées, parcequ'elles sont en désaccord avec cer-
« tains points de la Théorie physiologique de la mu-
« sique de Mr Helmholtz, dont il est le traducteur.
« Le plus intéressé dans la question, Mr Helmholtz,
« n'est pas aussi affirmatif à l'égard de notre travail,
« qu'il connait parfaitement. Au mois d'août dernier,
« l'un de nous lui a rendu visite, à Heidelberg, et en
« a reçu l'accueil le plus sympathique. Le savant
« professeur a bien voulu reconnaître que la question
« soulevée par nous offrait un point de vue nouveau,
« et, tout en réservant son opinion sur nos conclusions,
« il a poussé la courtoisie jusqu'à nous faire part
« de quelques observations personnelles s'accordant
« avec notre manière de voir. »

Des mêmes, 29 janvier 1872 :

« Dans nos précédentes communications, nous avons
« montré qu'on peut déterminer les constantes de l'
« acoustique musicale par une méthode expérimentale
« autographique, et, par suite, absolument indépendante
« des opinions et de l'oreille de l'observateur. Nous

« avons obtenu ainsi, par l'inscription directe de frag-
« ments de mélodie, les valeurs des intervalles de la
« gamme que nous avons appelée mélodique, tels que
« les exécutaient les musiciens qui ont bien voulu
« nous prêter leurs concours. »

La gamme, appelée mélodique par Cornu et
Mercadier, est la gamme de Pythagore.

Mr Bouasse, disciple d'Helmholtz, prétend qu'on
ne peut se servir en musique que de la gamme des
physiciens ; Cornu et Mercadier, se basant sur des
expériences citées plus haut, trouvent que dans les
mélodies seulement, les musiciens font usage de la
gamme de Pythagore, mais que la seule gamme
usitée dans l'harmonie est la gamme des physiciens,
dualité de gammes bien singulière, et l'on se demande, au sujet de l'harmonie, sur quelles expériences se basent ces deux savants ; Chladni trouve
que la gamme des physiciens n'est pas applicable
à l'harmonie ; que faut-il donc penser des expériences des physiciens ? Nous allons le dire.

Dans leurs expériences, les physiciens n'ont pu faire
que l'étude d'un son unique. Si l'on en excepte l'
exagération dans laquelle ils sont tombés au sujet

des harmoniques et des sons résultants, leurs observations forment un ensemble précieux dont les fabri-
cants d'instruments de musique ont tiré parti pour
le plus grand bien de l'art musical; mais, ne pouvant poursuivre leurs expériences plus loin, se
croyant obligés de bâtir un système de gamme sur
les expériences résultant d'un son unique, incapa-
bles de rattacher tous les fils qui font de la musique
le plus subtil de tous les arts, se servant des mathématiques sans aucun argument à la base de leur
solution, ce que démontre leurs contradictions — nous
voulons parler de la genèse de la gamme et non
pas des phénomènes d'un son unique — ils ont
abouti à un système qui ne peut pas servir de mesure à l'art musical moderne.

Quand des faits quelconques ne peuvent pas s'exprimer par une loi évidente, ou qu'on n'a pas
trouvé cette loi, on demande à l'expérience de la
déceler. Or, nous voyons Cornu et Mercadier faire
une expérience autographique et trouver la gamme
de Pythagore; d'autre part, nous voyons Mr Bouasse,
disciple d'Helmholtz, dire, page 100:
« 1° Les intervalles théoriques sont parfaitement

« reconnus par une oreille délicate.

« 2° Les erreurs de la gamme tempérée sont réel-
« lement appréciables et désagréables pour une oreille
« juste. (il avait dit, page 88, que Bach ne désapprou-
« vait pas la gamme tempérée, et Bach avait certai-
« nement une oreille juste.)

« 3° Malgré le peu de différence des intervalles pris
« isolément, il est plus facile de chanter juste sui-
« vant la gamme naturelle que suivant la gamme
« tempérée.

« 4° La gamme de Pythagore ne se soutient ni en
« théorie ni en pratique. »

Les physiciens quittant le seul domaine où ils soient
compétents, le son unique, n'ont aucun argument à
la base de leur solution pour expliquer la gamme
composée de sons différents; ils jouent avec des chiffres
mais ne font pas de mathématiques.

En définitive, il faudrait peut-être arriver à conclure que la gamme existe pour faire de la musique,
et ce, en dépit de tous les systèmes, quelque logiques
qu'ils puissent paraître..... à moins qu'il ne faille
pas mélanger les genres.

M. Bouasse, page 97, n° 61: « Intervalles effectivement

« donnés par un instrument à sons variables :

« Tout le monde est d'accord pour reconnaître qu'
« un musicien exercé utilisant un instrument à
« sons variables capable de donner des accords, et
« deux musiciens exercés faisant un accord, émet-
« tent l'accord naturel, celui qui est défini par les
« harmoniques. »

Le même, p. 100

« Mais qu'il s'agisse d'accords, le sentiment mu-
« sical, s'il est juste, l'emporte sur l'éducation
« des muscles, et après un tatonnement d'autant
« plus court que la représentation préliminaire de
« l'intervalle musical était plus nette, le musicien
« donne l'intervalle naturel.

« D'innombrables expériences ont été faites à ce
« sujet, etc...

Ces deux affirmations sont complètement fausses.
Voyons un peu quelques « innombrables expériences. »
Dans toutes les écoles de musique, y compris le con-
servatoire de Paris, ou celui d'ailleurs, on enseigne
aux élèves de trombone à coulisse que le re, immédiatement au dessus de la 1ère ligne supplémentaire
de la clef de fa, se fait à la 4ᵉ position ; or,

il y a un re à la 1ère.

Le re de la 1ère position est un terme 5, c'est-à-dire la tierce majeure (naturelle); le re de la 4e position est un terme 6, c'est-à-dire une tierce majeure Pythagoricienne.

Non seulement les trombones trouvent que leur re de la 1ère position est trop bas, mais tous les autres musiciens qui jouent à l'orchestre avec eux le trouvent aussi; et c'est pourquoi les trombones font le do# à la 5e position, et le re# à la 3e, de manière à obtenir la tierce majeure Pythagoricienne. à part ça, deux musiciens exercés faisant un accord émettent l'accord naturel. Mais, les trombones ont peut-être le sens musical faussé par l'accord à tempérament du piano? Voyons d'autres exemples: Dans les instruments de cuivre à pistons, le re 4e ligne de la clef de sol, pour les instruments notés dans cette clef, et pour ceux notés en clef de fa, le re au dessus de la 1ère ligne supplémentaire, se fait à l'aide du 1er piston; le re#, un demi-ton

au dessus, se fait avec le 2ᵉ piston; le mi au-
dessus, à vide, sans le secours du mécanisme.;
ce re, ce re♯ et ce mi sont des termes 5, c'est-à-
dire des tierces majeures « naturelles ». Par la pression des lèvres, les instrumentistes peuvent donner
des tierces majeures Pythagoriciennes, et les artistes
exercés les donnent. Pour changer de base fondamentale, les trombones ont des ressources que les
instruments à pistons n'ont pas; c'est pourquoi
les trombones ne prennent pas la peine de cor-
riger les termes faux, mais se servent directement
des termes justes, en un mot ne se servent jamais
du terme 5.

Les physiciens disent que toute personne qui ne
subit aucune influence ne peut admettre que
la tierce majeure « naturelle », et ceci est présenté
comme un article de foi, parce qu'il paraît que
la Nature est ainsi faite.

A ce compte, il faut croire qu'il y a beaucoup
de gens hors nature, car:

Tout le personnel des fanfares et des harmonies,
y compris les flûtes, hautbois, clarinettes et sa-
xophones, sait que le re, le re♯ et le mi des

instruments de cuivre à pistons sont trop bas; et pour connaître le nombre de gens ainsi frappés de déséquilibre, MM. les physiciens n'ont qu'à faire, par la voie de la grande presse, un referendum sur les questions suivantes:

1° Dans les instruments de cuivre à pistons, notés en clef de sol, le re et le re# 4ᵉ ligne, et le mi 4ᵉ interligne; et pour les instruments notés en clef de fa, le re et le re# au dessus de la 1ère ligne supplémentaire, et le mi, 2ᵉ ligne supplémentaire, sont-ils justes?

2° S'ils sont faux, dans quel sens, trop haut ou trop bas? Mais, c'est assez discuté. Le présent ouvrage est écrit pour les musiciens qui nous comprendront très-bien. La plupart d'entre eux ne se sont pas donné la peine d'étudier les physiciens, nous avons voulu seulement leur donner les moyens de voir clair dans des spéculations qui n'ont qu'une apparence scientifique, et qui ne tiennent pas compte des faits réels de l'art musical.

Conclusions

Nous venons de voir très-longuement tous les aspects de la genèse de la gamme; le système des physiciens ne tient compte ni de l'irréductibilité de l'intervalle de quinte; ni de l'incertitude sur la qualité consonnante des tierces; malgré les données d'Helmholtz qui pourtant, conclut à la gamme naturelle, mais qui, si l'on en croit sa communication aux physiciens Cornu et Mercadier, n'en est pas absolument sûr; ni de la constitution de l'accord parfait mineur qui contredit formellement le dit système; ni des tendances résolutives de la sensible et des dissonances à résolution par intervalle de demi-ton; en un mot qui, se retranchant derrière des expériences contradictoires, ne tient aucun compte de l'essence de l'art moderne, et qui présente la gamme, non pas comme elle est, mais comme il voudrait qu'elle soit, sous le prétexte que la science ne peut faire état du sentiment musical et de l'esthétique qui sont pourtant le fondement même de l'art.

Au point de vue de la musique moderne, seul sujet

qui nous occupe, le système des physiciens est absolument nul. Les hommes de science vont jusqu'à nous dire que leur système est le plus pratique: or, dans les modulations, sujet qu'ils invoquent, nous trouvons que pour moduler d'ut majeur à sol majeur, non seulement il faut affecter le fa d'un dièse, mais encore changer le ton mineur, sol la, en ton majeur; pour moduler d'ut majeur à fa majeur, il faut non seulement affecter le si d'un bémol, mais encore changer le ton majeur, do ré, en ton mineur; etc...

Ici se place l'explication du principe que nous avons formulé plus haut:

En écoutant un accord de neuvième majeure composé des termes 4, 5, 6, 7, 9, il ne viendra à personne, et ce sans exception, l'idée de dire que la résonnance est fausse, à la condition expresse toutefois, que cet accord ne soit ni précédé, ni suivi d'aucune autre agrégation de sons.

Si nous notons cet accord de la manière suivante: do² (4); sol² (6); mi³ (5); sib³ (7); re⁴ (9) position donnant une résonnance excellente, nous trouvons que, théoriquement, l'accord devrait appartenir au ton de fa majeur, mais le terme 7 (sib) ne peut pas appartenir à cette gamme; d'autre part, il ne peut pas non plus appartenir au ton d'ut majeur, puisqu'il contient un si b; il en résulte en réalité que cet accord n'appartient à aucune tonalité, et toutes les tentatives de recherches de parenté que font les physiciens pour bâtir la gamme d'ut sur les résonnances du son fondamental, ut, ne signifient rien; la gamme est composée de sons différents, et non pas des harmoniques d'un son. Toutes les notes de cet accord sont « parentes », et sa résonnance est parfaitement limpide, mais, si l'on tente de l'enchaîner, de le faire suivre, par exemple, de l'accord fa la do, qui serait sa résolution naturelle en fa, il apparaît aussitôt qu'on a fait un accord faux, porceque n'appartenant pas à cette tonalité. Les physiciens parlent quelquefois de la mémoire des sons dans le cours d'un morceau de musique, ici, la mémoire n'a même pas à intervenir puisque l'accord do mi sol sib re, enchaîné à l'accord fa la do, met en présence toutes les notes de la gamme, les confronte pour ainsi dire, et c'est la raison pour laquelle nous avons choisi cet accord comme exemple.

Si nous retranchons la 7ᵉ et la 9ᵉ, il nous reste l'accord parfait majeur des physiciens, qui est dans le même cas, quoique moins accentué; la tierce majeure 5:4, qui éloigne les notes à tendance attractive de leurs résolutions, contrarie l'enchaînement des accords et l'esprit de suite dans un ensemble harmonique. En un mot, dans une suite d'accords, il s'établit, entre tous les degrés de la gamme, des relations qui sont en contradiction avec les partiels d'un son unique, sauf pour les rapports 2:1 et 3:2; ces considérations priment, de beaucoup, celles qu'invoquent les physiciens, et ce, en vertu du sentiment musical, qui leur échappe.

Le son unique, considéré avec tous les partiels auxquels il donne naissance, n'est qu'un son sans liaison aucune avec d'autres sons, et les partiels 5, 7, 10, 11, 13, 14 et 15 ne peuvent appartenir à aucune gamme dont la tonique est 1.

Le système qui consiste à faire dériver la gamme des partiels d'un son a paru très-séduisant aux physiciens, parce qu'ils ne peuvent poursuivre leurs expériences sur un autre terrain. Pour justifier

leur système, ils ont exagéré les battements des harmoniques qui, quoiqu'ils en disent, sont absorbés
dans le phénomène du timbre, et ne froissent
pas le sens de l'ouïe comme ils le prétendent. Ils
n'ont vu leur système que dans les chiffres, et au
travers des expériences artificielles auxquelles ils
se sont livrés. Du reste, quand on est à côté de
la vérité, il y a toujours quelquechose qui ne va
pas, aussi voyons-nous les physiciens aboutir
à une quinte fausse et à une tierce qu'ils déclarent mauvaise, et ce, sans pouvoir l'éviter.

L'art musical exige de la manière la plus impérieuse que les notes de la gamme soient, a l'-
aigu, dans le même ordre et en même nombre qu'
au grave:

Examinons encore une fois les sons déterminés par
la suite des nombres entiers: de 1 à 2, il n'y a
rien que l'octave; de 2 à 4, il n'y a que le son
3; de 4 à 8, on ne trouve que les sons 5, 6 et 7; de
8 à 16, on trouve 7 notes, 9, 10, 11, 12, 13, 14 et 15;
de 16 à 32, on trouve 15 sons; 1, 2, 4, 8, 16, 32,
étant des octaves.

Si la suite des nombres entiers était rigoureusement

le modèle de l'art musical, les gammes aiguës devraient différer des gammes graves; ceci suffit pour démontrer qu'en choisissant pour règle un point quelconque de l'échelle des harmoniques, les physiciens sont tombés dans l'arbitraire le plus aveugle. Ceci dit, il est bien entendu que la suite des harmoniques peut fournir la mesure d'une gamme quelconque, puisque la suite des nombres entiers fournit tous les rapports possibles, et c'est seulement sous ce point de vue que les recherches scientifiques sont légitimes.

Si nous envisageons le système de Pythagore nous trouvons que la suite des quintes justes régit bien la suite des sons qui composent la gamme; qu'il ne donne pas de quinte fausse; qu'il détermine la tierce majeure en conformité des tendances résolutives de la sensible et de toute dissonance à résolution par demi-ton, et par suite, établit entre tous les degrés de la gamme les relations qui composent le sentiment tonal; qu'il résulte bien des rapports mathématiques les plus simples, 2:1 et 3:2; qu'il n'oblige pas à changer plusieurs notes d'une tonalité

de départ pour moduler dans un ton qui ne
diffèr que d'une seule note.
Le système de Pythagore exprime et mesure
exactement la gamme dans l'art musical
moderne.

Clermont-Ferrand le 29 juillet 1926
E. Doris

Autographié et tiré à 200 exemplaires
Propriété de l'auteur. Tous droits réservés

Appendices.

Du comma

Il est impossible d'obtenir le coefficient du comma, et de comprendre son essence, sans se rendre compte de la manière dont il est généré. Nous avons vu que la gamme résulte d'une suite de quintes: fa, do, sol, re, la, mi, si; mais le principe ne s'arrête pas là; les dièses s'inscrivent successivement sur la même formule, et les bémols, sur la même formule renversée: si, mi, la, re, sol, do, fa; il en résulte qu'en commençant par fa♭ on peut considérer toutes les notes composant les tonalités musicales comme formées de trois fois la même formule: la première, toutes notes bémolisées; la seconde, toutes notes naturelles; et la troisième, toutes notes dièsées.

En partant de fa♭, et par quintes successives ascendantes jusqu'au si♯, ce qui fait vingt quintes, on rencontre neuf notes enharmoniques: fa♯ sol♭, do♯ re♭, etc... et cette rencontre se produit à la 12ᵉ quinte, exemple: do¹, sol¹, re², la², mi³, si³, fa$\sharp^4$, do$\sharp^5$, sol$\sharp^5$, re$\sharp^6$, la$\sharp^6$, mi$\sharp^7$, si$\sharp^7$, treize noms de notes et douze quintes ; le coefficient de la quinte étant 3/2, la hauteur de la note enharmonique est donc fixée par $(3/2)^{12} = 531441/4096$; mais, de do^1 à si$\sharp^7$ il y a sept octaves ; pour établir la relation entre ces deux sons, il faut rapprocher si dièse de do naturel en supprimant les sept octaves, en élevant do^1 jusqu'à do^8, ou en abaissant si$\sharp^7$ jusqu'à si$\sharp^0$, opération qui revient au même dans les deux sens, puisqu'il s'agit d'un rapport. A priori, les nombres 2 et 3, étant premiers entre eux, leurs puissances sont premières entre elles, par conséquent, si dièse ne peut pas égaler do naturel ; pour débarrasser $(3/2)^{12}$ des sept octaves, il faut diviser ce nombre par 2^7 ; il est impossible de diviser exactement 3^{12} par 2^7, mais on peut multiplier 2^{12} par 2^7, 12 + 7 égalant 19, le coefficient du comma est donc $(3^{12})/(2^{19}) = 531441/524288$. Le numérateur 531441, ou la 12ᵉ puissance de 3, représente le si$\sharp$; le dénominateur 524288 étant le do^1 4096 élevé au do^8, il en résulte que si$\sharp$ est plus haut que do naturel.

On peut calculer ce coefficient d'une autre manière

qui donne évidemment le même résultat: de si^7 à do^8 il y a un demi-ton diatonique; de si^7 à si#^{7} il y a un demi-ton chromatique, le comma est donc la différence entre un demi-ton diatonique et un demi-ton chromatique. Sur la base si, à une hauteur quelconque, do au dessus égale 256/243, si# au dessus égale 2187/2048; en comparant les deux fractions on obtient pour do $256 \times 2048 = 524288$, et pour si# $2187 \times 243 = 531441$.

On dit communément que le comma est la neuvième partie d'un ton, ce n'est pas absolument exact mais c'est suffisamment approché. Pour s'en rendre compte il faudrait calculer la neuvième puissance de 531441/524288 et comparer avec 9/8; c'est un calcul fastidieux, et il vaut mieux procéder comme suit:

Soit un son initial de 800 vibrations, le ton au dessus sera de 900; $800 \times 531441 : 524288 = 811$ (par excès); $811 \times 531441 : 524288 = 822$; et successivement: 833, 844, 856, 868, 880, 892, 905; le neuvième comma donne donc 905 vibrations, et le ton n'est que de 900; le comma est donc un peu plus grand qu'un neuvième de ton. ⸻

De l'accord tempéré

Dans l'accord tempéré le comma a disparu ; les demi-tons étant rigoureusement égaux, on peut prendre le demi-ton pour unité d'intervalle.

Il y a douze demi-tons dans l'octave ; le coefficient de l'octave étant 2, celui du demi-ton est donc :

$$\sqrt[12]{2} = 1,0595$$

Il est impossible d'obtenir la racine exacte, le calcul donne 1,05946 etc ; 1,0595 est la racine par excès à moins d'0,001 ; sa 12ᵉ puissance donne 2,0008 etc..., approximation suffisante.

Nous donnons ci-après le tableau des puissances de 1,0595 jusqu'à la 12ᵉ ce qui établit les coefficients de tous les intervalles renfermés dans l'octave.

Tableau des puissances de 1,0595 jusqu'à la 12ᵉ

Puis.ᶜᵉˢ

1ᵉʳᵉ	1,0595,	2ᵈᵉ mineure ou demi-ton chromatique.
2ᵉ	1,12254,	2ᵈᵉ majeure ou 3ᶜᵉ diminuée
3ᵉ	1,18314,	3ᵉ mineure ou 2ᵈᵉ augmentée
4ᵉ	1,26,	3ᶜᵉ majeure ou 4ᵗᵉ diminuée
5ᵉ	1,335,	4ᵗᵉ juste ou 3ᶜᵉ augmentée

6ᵉ	1,41451,	4ᵗᵉ augmentée ou 5ᵗᵉ diminuée
7ᵉ	1,4986725,	5ᵗᵉ juste
8ᵉ	1,5878437,	5ᵗᵉ augmentée ou 6ᵗᵉ mineure
9ᵉ	1,68232,	6ᵗᵉ majeure ou 7ᵉ diminuée
10ᵉ	1,7824182,	7ᵉ mineure ou 6ᵗᵉ augmentée
11ᵉ	1,888472,	7ᵉ majeure ou 8ᵛᵉ diminuée
12ᵉ	2,000836,	octave

Quelques musicographes donnent le ton tempéré avec le coefficient 9/8, c'est une erreur minime, mais une erreur. Nous avons vu que les quintes justes, de 3/2, donnent lieu au comma; que deux quintes successives, la seconde amenée à l'octave grave, donnent le ton de 9/8, or, l'accord tempéré a pour objet de supprimer le comma.

Quand on accorde un piano ou un orgue, on est obligé de faire des quintes légèrement faibles; le comma étant produit par douze quintes, chaque quinte doit être faible d'un douzième de comma, sinon, on ne retrouverait pas l'octave; deux quintes donnant le ton, ce ton est évidemment faible d'un sixième de comma.

Au surplus, demandons aux chiffres de nous

indiquer la différence: le carré de 1, 0595 = 1, 12254; 9: 8 = 1, 125; c'est une différence minime mais il faut l'indiquer, pour la raison que le ton de 9/8 donnant lieu au comma, et l'accord tempéré supprimant ce comma, il serait incompréhensible que le ton tempéré fut de 9/8.

Table des matières

Devèze, [illegible]

rue du Blanzat n° [illegible]

Clermont - Ferrand

Docteur, rue du Blancargnier no
Clermont Ferrand

www.ingramcontent.com/pod-product-compliance
Ingram Content Group UK Ltd.
Pitfield, Milton Keynes, MK11 3LW, UK
UKHW021256180726
13837UKWH00007B/468